Nietzsche
&
Para além de bem e mal

Coleção **PASSO-A-PASSO**

CIÊNCIAS SOCIAIS PASSO-A-PASSO
Direção: Celso Castro

FILOSOFIA PASSO-A-PASSO
Direção: Denis L. Rosenfield

PSICANÁLISE PASSO-A-PASSO
Direção: Marco Antonio Coutinho Jorge

Ver lista de títulos no final do volume

Oswaldo Giacoia Junior

Nietzsche & Para além de bem e mal

2ª edição

ZAHAR

À memória de meu pai

Jorge Zahar Editor Ltda.
rua Marquês de S. Vicente 99 – 1º | 22451-041 Rio de Janeiro, RJ
tel (21) 2529-4750 | fax (21) 2529-4787
editora@zahar.com.br | www.zahar.com.br

Edição anterior: 2002

Capa: Sérgio Campante

Composição eletrônica: TopTextos Edições Gráficas Ltda

CIP-Brasil. Catalogação-na-fonte
Sindicato Nacional dos Editores de Livros, RJ.

Giacoia Junior, Oswaldo, 1954-
G354n Nietzsche & Para além de bem e mal / Oswaldo
2.ed. Giacoia Júnior. — 2.ed. — Rio de Janeiro: Zahar, 2005.

(Passo-a-passo)

Inclui bibliografia
ISBN 978-85-7110-667-3

1. Nietzsche, Friedrich Wilhelm, 1884-1900. 2. Nietzsche, Friedrich Wilhelm, 1844-1900. Para além de bem e mal. 3. Filosofia alemã. I. Título. II. Série.

CDD: 193
05-1726 CDU: 1(43)

Sumário

Sumário

Relevância da obra

Para além de bem e mal: Prelúdio de uma filosofia do futuro tem uma importância fundamental na trajetória filosófica de Friedrich Nietzsche. Trata-se do livro cuja publicação se seguiu a *Assim falou Zaratustra*, que o filósofo considerava sua obra principal e que, como seus escritos anteriores, foi um completo fracasso editorial, do ponto de vista de seu acolhimento tanto pelo público quanto pela crítica.

Nietzsche se considerava, pois, incompreendido e injustiçado; além disso, era confundido e identificado com movimentos culturais e políticos que eram, em verdade, profundamente avessos ao essencial de seu pensamento, como, por exemplo, o nacionalismo germânico, a estética e a política cultural de Richard Wagner, bem como o denso anti-semitismo que vigia na Alemanha já ao final do século XIX.

Além disso, do ponto de vista propriamente filosófico, Nietzsche via ameaçadas por uma pesada cortina de silêncio suas mais ardentes esperanças: apresentar uma alternativa para a crise de pensamento que atingia, em seu tempo, todos os setores importantes da cultura européia, tarefa a que associara uma *transvaloração de todos os valores* (*Umwertung aller Werte*).

Essa criação de novas referências de valor, depois do anúncio da *morte de Deus* (um dos aspectos fundamentais da obra de Nietzsche, que com isso constatava a perda de sentido e validade por parte de todos os valores cardeais de nossa cultura), teria que ser precedida de uma crítica impiedosa dos valores vigentes, tanto na esfera da religião quanto da moral, da ciência e teoria do conhecimento, quanto da arte, da filosofia e da política. Em certo sentido, pode-se dizer, pois, que o livro integra a filosofia teórica e prática de Nietzsche, sem negligenciar também sua estética.

Tais são as dificuldades e necessidades para as quais *Para além de bem e mal* ensaia uma resposta. Por isso, o livro empreende a exposição teórica dos conceitos fundamentais que em *Assim falou Zaratustra* tinham sido apresentados poética e dramaticamente. É o caso, principalmente, daqueles conceitos centrais da filosofia madura de Nietzsche: o de vontade de poder e o de perspectivismo.

Por outro lado, *Para além de bem e mal* leva a efeito uma crítica radical da modernidade cultural, em todos os seus aspectos mais relevantes, preparando as bases para a *transvaloração de todos os valores*. Desse modo, o livro realiza tanto a tarefa crítico-destrutiva quanto a positivo-afirmativa que Nietzsche impusera a si mesmo.

Do ponto de vista estilístico, *Para além de bem e mal* representa também um *tour de force*. O livro combina uma considerável variedade de estilos: aforismos, seqüências de pequenos capítulos que, em conjunto, compõem uma breve dissertação, sentenças curtas e certeiras, poesia. Aqui a forma de apresentação e o virtuosismo estilístico são exigidos pelo conteúdo filosófico do livro.

Em estreita conexão com o aspecto formal e o estilo aforístico, vemos Nietzsche apresentar, de modo exemplarmente claro, seu modo de fazer da filosofia um *experimento* do pensamento, para cujo bom resultado inúmeros recursos são indispensáveis, tais como o rigor metodológico, a penetração analítica, mas também a ironia, a paródia, a caricatura — enfim o humor e a leveza.

Esta é a principal razão pela qual, ao invés de apresentar, numa seção em separado, traduções de extratos dos aforismos, optamos por integrar a tradução dos textos à apresentação dos próprios argumentos, como uma tentativa de tornar mais clara, compreensível e concreta a mútua recorrência entre forma e conteúdo, bem como a importância estratégica dos procedimentos retóricos para a sustentação da argumentação.

Situado entre *Zaratustra* e *Para a genealogia da moral* (duas obras consideradas pela maioria dos comentadores como os máximos expoentes do pensamento de Nietzsche), *Para além de bem e mal* (doravante *BM*) é um texto privilegiado: ele tanto reúne, condensa e explicita o que já fora pensado, como também amadurece e desenvolve o que apenas se encontrava em estado germinal. Além disso, como prelúdio, ele antecipa diretrizes teóricas e posições que só bem mais tarde, nos derradeiros escritos de Nietzsche, como no *Anticristo*, por exemplo, receberão uma formulação mais incisiva.

Introdução

Como afirmamos logo acima, *BM* se insere no programa filosófico da *transvaloração de todos os valores*, com que se concluirá o derradeiro período da filosofia de Nietzsche, inaugurado com *Assim falou Zaratustra*.

Com isso estamos, pois, em condição de compreender a máquina de guerra que é representada pelos experimentos levados a efeito em *BM*. Em resumo, pode-se identificá-los como tendo as seguintes características principais:

1) São experimentos rigorosamente antiplatônicos.

2) Propõem-se a denunciar as falácias do dogmatismo nos terrenos da filosofia e da ciência. Essa denúncia implica trazer à luz a falta de seriedade e rigor do dogmatismo, pois este sempre repousa — aberta ou veladamente — sobre a convicção de que se pode ter acesso a uma "verdade objetiva" — ou seja, tem como pressuposto a *crença* platônica na razão pura e no Bem em si.

3) A dinâmica desses experimentos é a da *contra-dicção*; trata-se de solapar as bases irrefletidas que davam sustentação a veneráveis evidências, supostamente inabaláveis, com vistas a tornar patente que *todo conhecimento* — toda teoria — se faz a partir de uma perspectiva. Nesse sentido, o perspectivismo não é a negação da verdade, mas a condição do próprio conhecimento "verdadeiro", que culmina no resultado paradoxal de acordo com o qual não temos acesso a fatos, unicamente a interpretações.

4) As interpretações (as perspectivas) do próprio Nietzsche ganham plausibilidade e sentido quando pensa-

das nesse horizonte hermenêutico sustentado por antagonismos; suas hipóteses positivas (como a vontade de poder, por exemplo, ou sua concepção de subjetividade e de conhecimento) ganham sustentação na medida em que desempenham dupla função: por um lado, evidenciam, pela força da crítica, as insuficiências das hipóteses dogmáticas concorrentes. Por outro lado, apresentam-se precisamente como *perspectivas*, que se proíbem o enrijecimento tético do dogmatismo.

Com isso, pretendo afirmar que o exercício permanente da ironia e da auto-reflexão, que produz uma distância em relação às próprias posições assumidas no combate teórico, é uma das estratégias argumentativas de *BM*, para a qual é necessário estar permanentemente atento, na medida em que nem sempre se apresenta no primeiro plano do cenário montado para o experimento.

5) *BM* constitui um exercício de diálogo crítico com a tradição, ao mesmo tempo que uma intervenção do debate cultural europeu da segunda metade do século XIX. Nietzsche tem a pretensão de ensaiar, sob a forma de um prelúdio, um projeto filosófico alternativo à visão de mundo da modernidade. Para tanto, ele constrói, em consonância com seus pressupostos teóricos e metodológicos, uma hipótese global de interpretação da existência que nada tem de inconsistente, deficitária ou contraditória.

Trata-se de uma explicação de conjunto, que toma em consideração múltiplas esferas da cultura: a teoria do conhecimento, a lógica, a metafísica, a ciência, a ética, a arte, a religião, a política, a economia e a educação. Essa hipótese global de interpretação se funda num conceito básico, o de vontade de poder, e numa teoria do conhecimento que dele decorre, o perspectivismo.

Há pouco mencionamos que *BM* era, antes de tudo, um combate sem quartel ao dogmatismo. Significaria isso, então, uma adesão de Nietzsche ao ceticismo? É certo que, para ele, o ceticismo é um regime filosófico de probidade intelectual. Comparado ao dogmático, o cético é bem mais autêntico. Porém, a superação que *BM* pretende empreender se faz em duas frentes: em primeiro lugar, no *front* do dogmatismo. Para tal fim, o ceticismo é um bom alidado.

Concomitantemente, o livro empreende também uma superação do ceticismo, ao apontar nele uma limitação fatal, que consiste numa espécie de déficit de autocrítica e sintoma de extenuamento da vontade, de impotência para instituir novos sentidos, criar novos valores.

Nesse sentido, o ceticismo seria um dogmatismo desencorajado. O cético persevera na denúncia de que o dogmático jamais atingiu a verdade, de que a verdade é inatingível; mas, resignado a essa inacessibilidade, o cético não realizou a crítica do valor da verdade — ele permanece aferrado a ela como valor.

Idéias principais

Que o prefácio da obra se inicie com uma suposição (*Gesetzt*) — isso já nos indica o papel decisivo que nele desempenhará o estilo do ensaístico, experimental. Que no experimento sugerido figure uma metáfora identificando a verdade com uma mulher — é um curioso indicador da mobilização estratégica do humor, da caricatura e da paródia para o centro do experimento.

O que ocorreria se aceitássemos a provocação e suspeitássemos, com Nietzsche, que a verdade é uma mulher? A conseqüência seria desastrosa para a filosofia tradicional, na medida em que esta é predominantemente dogmática. A identificação metafórica entre verdade e mulher coloca sob ridículo a pretensão dogmática à seriedade.

Assim sendo, uma vez que a verdade é mulher, não admira que os filósofos não a tenham conquistado, pois, a despeito de seu propalado *amor da verdade*, os filósofos, sempre ridiculamente sérios, jamais entenderam de mulheres.

A vocação dos filósofos para os grandes sistemas é uma violentação da verdade, para encerrá-la, com toda segurança, nas invencíveis fortalezas dogmáticas que para ela construíram, aqueles majestosos castelos metafísicos, a que hoje damos o nome de *sistema*. Porém, de acordo com Nietzsche, é justamente desse modo que *não* se deve tratar uma mulher.

Ao instituir seus prodigiosos sistemas de interpretação da natureza e da história, oferecendo uma resposta à pergunta pelo sentido da existência humana, os filósofos dogmáticos acreditavam ter conquistado definitivamente a verdade. E, no entanto, essa sempre foi uma crença ilusória, cuja insubsistência sempre escapou à pouca cautela crítica dos filósofos.

Com efeito, desde Descartes — e já bem antes dele — os filósofos sempre permaneceram em sono dogmático, a despeito da intenção de colocar em dúvida todas as certezas. Justamente a sóbria vida de vigília lhes foi sempre estranha.

Para se compreender isso, basta notar que, na base de todos aqueles majestosos edifícios dogmáticos, não se encontra senão "uma superstição popular de tempos imemoriais (como a superstição da alma que, como superstição do sujeito e do eu, ainda hoje não cessou de produzir disparates), talvez algum jogo de palavras, uma sedução por parte da gramática, ou uma ousada generalização de fatos muito estreitos, muito pessoais, muito humanos, demasiado humanos."

Além de canhestros e ineptos como conquistadores, os filósofos, na medida em que são dogmáticos, se deixam iludir por um outro equívoco fatal, a saber, que se possa ter um acesso à verdade "nua", à verdade objetiva, à estrutura ontológica da "realidade", uma vez que o intelecto se desembarace dos condicionamentos subjetivos, de natureza psicológica e antropológica, em que somos enredados pela volubilidade das paixões, pela estreiteza do desejo e dos interesses.

A essa verdade objetiva, de que podemos derivar normas e valores que orientem e legitimem nosso agir, somos conduzidos pelo espírito, uma vez que um prévio exercício ascético tenha garantido que, no ato do conhecimento, a força arrebatadora das inclinações, impulsos e afetos., i.e a força da sensibilidade, tenha sido neutralizada e posta sob o mais rigoroso controle do puro intelecto.

Para Nietzsche, até agora,

> o pior, o mais persistente, o mais perigoso de todos os erros foi um erro de dogmáticos: a invenção por Platão do espírito puro e do Bem em si.

Esse foi o "pesadelo" de que agora despertamos. Nossa tarefa, como filósofos, consiste precisamente em permanecer despertos e, justamente por isso, colocar a verdade novamente sobre os próprios pés, pois o sortilégio de Platão consistiu em colocá-la de cabeça para baixo.

Embalada pela crença na invenção platônica do espírito puro e do Bem em si, a gravidade filosófica, com sua entranhada e atávica condenação da sensibilidade, sempre desvalorizou o que é subjetivo — perspectivístico, como representando o oposto da verdade, isto é, como erro, engano, ilusão. Porém, o que ocorreria se acordássemos do pesadelo dogmático induzido por Platão?

Revelar-se-ia o caráter *onírico* daquela invenção e, com ele, a possiblidade de que a verdade estivesse justamente com o feminino, ao lado do disfarce, do véu, da aparência, da sedução; que a condição da verdade fosse a mesma da pele — que sem dúvida mostra algo, na superfície, porém somente na medida em que, ao mesmo tempo, encobre uma profundidade, dissimula ao olhar.

A invenção de Platão subverte a posição da verdade — ou, em termos de Nietzsche, ela é uma ousada inversão de valores (*Umwertung der Werte*). E, uma vez que despertamos do pesadelo platônico, então a tarefa mais radical do pensamento crítico consiste em permanecer despertos.

De acordo com a hipótese hermenêutica que pretendemos apresentar aqui, as duas primeiras seções de *BM*, intituladas "Dos preconceitos dos filósofos" e "O espírito livre", contêm as bases epistemológicas e críticas da filosofia do porvir, preconizada por Nietzsche. Essa filosofia deverá assumir a tarefa do pensamento, depois da ruptura com a tradição, que se esgota e consuma com o aprofundamento e a radicalização da modernidade.

Não é de modo algum casual, ou arbitrário, que a primeira seção se inicie com a *crítica da vontade de verdade*; ou, para dizê-lo mais propriamente, com o drama da *Selbstaufhebung* (auto-supressão) da vontade de verdade. Gostaríamos de chamar a atenção, desde logo, para o fato de que, nessa tragédia, Nietzsche evoca explicitamente a figura de Édipo, para ele o mais autêntico herói do conhecimento.

Com esse lembrete prévio, pretendemos sugerir que as duas figuras principais de *BM* (e de toda a filosofia tardia de Nietzsche), a saber, a vontade de verdade (*Wille zur Wahrheit*) e a honestidade intelectual (*intellektuelle Redlichkeit*) estão, como Édipo, inexoravelmente condenadas ao mesmo destino: ambas padecerão a tragédia de Édipo, a auto-aniquilação.

Todo o problema se inicia com o aprendizado reflexivo da vontade de verdade: depois de mais de dois milênios de submissão à vontade de verdade — essa esfinge que animava a reflexão e colocava na boca dos filósofos as questões que estes julgavam formular por si mesmos —, a consciência filosófica realiza agora uma experiência decisiva: ela finalmente faz um giro (*umdrehen*) sobre si mesma, no momento em que *aprende*, com a Esfinge, a *perguntar*. Esse é o movimento descrito no primeiro aforismo, que abre o livro:

> O problema do valor da verdade se colocou diante de nós — ou fomos nós que nos colocamos diante do problema? Quem de nós é, aqui, Édipo? Quem é a Esfinge?

Como Édipo diante da Esfinge, a consciência filosófica esteve como que paralisada diante da questão tradicional da metafísica: a pergunta pela causa. Depois desse longo aprendizado — a história desse aprendizado é a história da filosofia ocidental —, essa consciência chega a um novo e desconcertante resultado: subverte os pólos da relação entre atividade e passividade (Esfinge-Édipo) e coloca, ela própria, suas questões.

Ainda mais fundamental do que a pergunta pelas causas, ela questiona *o valor* da vontade de verdade, e isso permite discernir *(Einsicht)* o problema da *origem* desse querer. Esse efeito pode ser obtido pela submissão, na própria pergunta, do tradicional "o quê?" ao "quem?" — do valor instituído à vontade que o institui.

Esse questionamento é tão devastador para a consciência que realiza o experimento quanto a decifração do enigma por Édipo o foi para a Esfinge. No caso do experimento nietzschiano, ele consiste na dissolução das identidades fixadas: doravante, não se sabe mais quem é Édipo, quem é Esfinge. Isso porque a pergunta pela verdade nos remete à origem da verdade como valor e, ao mesmo tempo, ao *problema* do valor dessa origem.

Até então, o valor da verdade vigia como um dado natural, uma certeza absoluta, definitiva. A pergunta de

Nietzsche visa transformar essa evidência em problema: dado que queremos a verdade, por que não, antes, a não-verdade? Qual é a vontade que institui a verdade como valor absoluto? Quem prefere a verdade, o que (*em nós*) prefere a verdade ao erro, ao engano, à ilusão? Essa pergunta nos remete diretamente à origem da vontade de verdade.

Com isso, a consciência filosófica descobre que, como todo valor, a verdade pressupõe uma instância de avaliação. Pressupondo essa instância de determinação, então isso significa que a verdade *a todo preço*, o incondicionado na verdade, é fachada, superfície.

O valor da verdade é *relativo* à instância de avaliação que a institui como pretensamente incondicional. A verdade é valor em relação à vida, meio de conservação e incremento da vida — mais propriamente, de um tipo de vida, da vida filosófica (teórica ou científica).

É, pois, necessário avaliar novamente o valor da verdade; a consciência filosófica não pode evitar a pergunta fundamental: qual é o valor que está na origem da verdade? Visto sob o prisma da verdade pensada como absoluto, esse valor é falso, porque inteiramente condicionado por *interesses*, por desejo de conservação e crescimento, por *vontade de poder*.

A conclusão do experimento nos conduz à inverdade presente na origem da verdade como valor incondicional. Como na tragédia de Édipo, a Esfinge se precipita num abismo, do mesmo modo como ocorre com a consciência filosófica.

Aquilo que a impele a prosseguir perguntando até atingir o limiar da catástrofe é a própria vontade de verdade; é sempre, ainda, ela mesma, pois que arranca de si, da lógica de seus próprios valores, a confissão "verdadeira" da falsidade presente em sua própria origem.

É "verdadeiro" que a vontade de verdade é inverídica: a esse paroxismo da inversão nos obriga ainda — incondicionalmente — nossa veracidade, a probidade intelectual da consciência filosófica, que não recua perante o cumprimento de seu dever extremo.

Doravante, não se pode mais empregar o termo "verdade" senão entre aspas. Só se pode pretender ser "verdadeiro" ironicamente, porque, dado o grau de radicalidade alcançado, não se pode mais sustentar o esquema tradicional de graus maiores ou menores de veracidade. A pergunta genealógica não revela uma veracidade maior ou mais profunda do que a tradicional vontade de verdade. A reflexão sobre si mesma conduz a veracidade à autodissolução, não ao restabelecimento do ideal, pois foi revelada sua congênita promiscuidade com o *não-verídico*.

Por essa razão, já o segundo aforismo de *BM* introduz a desconfiança na "tara hereditária" dos filósofos, a saber, a crença na *oposição* dos valores. Com efeito, se não subsiste mais o ideal de uma "verdadeira" veracidade, oposta a outra que seria mera aparência, então não pode haver *antítese* entre verdade e aparência.

Se não subsiste mais diferença de natureza entre elas, então o que permanece é apenas *diferença de graus*, ou, nas palavras de Nietzsche, graus de aparência — *valeurs*, como o dizem os pintores. Aparência e "realidade", "verdade" e falsidade são *valeurs* distintos. Não se pode dizer que sejam *a mesma* coisa, porém sua origem é a mesma: a capacidade humana de *poiesis*.

Para consolidar os resultados desse conhecimento trágico que está no umbral de *BM*, Nietzsche se encarrega de desconstituir as verdades indubitáveis da filosofia moderna. Elas podem ser resumidas, para fins de simplificação, em quatro tentativas de erigir fundamentos inconcussos, ou certezas imediatas: o *ego cogito* de Descartes, a certeza empirista das percepções simples, a modo de Locke, a apercepção transcendental de Kant e a unidade metafísica da vontade, em Schopenhauer. Elas serão sistematicamente submetidas ao bisturi genealógico de *BM*.

Contra Descartes, Nietzsche objeta que a evidência presente na proposição "penso, logo existo", ao contrário do que pensava o pai da filosofia moderna, não é uma certeza imediata, uma intuição, uma presença objetiva e transparente, ao espírito, da coisa mesma (Descartes denominou-a *res cogitans*). A evidência do cogito é *derivada*, por inferência inconsciente, a qual parte da estrutura gramatical da proposição atributiva.

> Sejamos mais cautelosos do que Descartes, que se manteve preso à armadilha das palavras. *Cogito* é, decididamente, apenas uma palavra, porém ela significa algo múltiplo: algo é múltiplo e nós, grosseiramente, o deixamos escapar, na boa fé de que seja uno. Naquele célebre *cogito* se encontram: 1) pensa-se; 2) eu creio que sou eu quem pensa; 3) mesmo admitindo-se que o segundo ponto permanecesse implicado,

> como artigo de fé, ainda assim o primeiro "pensa-se" contém uma crença, a saber: que "pensar" seja uma atividade para a qual um sujeito, no mínimo um "isso" deva ser pensado — além disso, o *ergo sum* nada significa! Mas isso é fé na gramática; aqui já são instituídas "coisas" e suas "atividades", e nos afastamos da certeza imediata. Deixemos, então, de lado aquele problemático "isso", e digamos *cogitatur*, como fato, sem intromissão de artigos de fé. Dessa maneira, novamente nos iludimos, pois também a forma passiva contém artigos de fé, e não apenas "fatos"; *in summa*, precisamente o fato não se deixa estabelecer de maneira nua, o "acreditar" e o "opinar" estão introduzidos no *cogito* do *cogitat* e do *cogitatur*: quem é que nos garante que, com o *ergo*, nós não extraímos algo desse acreditar e opinar, algo que remanesce? Algo é acreditado, logo acredita-se em algo — uma falsa forma de conclusão! Antes da questão do "ser", deveria estar decidida a questão do valor da Lógica.

Nietzsche pondera que a evidência do *cogito* é caudatária da estrutura da sentença gramatical elementar (sujeito-objeto), duplicada pela categoria lógica de subsistência (substância) -inerência (atributo). O "inconcusso fundamento" é, na verdade, obtido a partir de um deslizamento inconsciente que parte da proposição atributiva, passando das categorias lógicas de substância e atributo para a de causa-efeito, que tem seu fundamento na primeira diferenciação.

Este raciocínio se desdobraria da seguinte maneira: a) penso; b) pensar é atividade, e toda atividade é atributo de um sujeito (um *substratum*, uma substância), que tem que ser pensado como agente; logo c) eu, o sujeito, sou. Daí por que Descartes pode, partindo de "eu penso, eu sou", consolidar sua segunda certeza inabalável: "Eu sou uma substância cuja essência ou natureza consiste no pensar (*res cogitans*)."

Quando, porém, desmembramos essa célebre proposição, nela não encontramos senão aquilo que o prefácio de *BM* identificara como a superstição popular que está no alicerce de todo o majestoso edifício dogmático. O que encontramos é a *crença* no sujeito lógico-gramatical como *unidade substancial*, aliás, uma crença *infundada*.

Se vai a pique o empreendimento cartesiano de fundar o inteiro edifício do saber verdadeiro sobre o ponto arquimediano estabelecido a partir do *cogito*, igual destino vitima a antítese do projeto racionalista, a saber, a tentativa empirista de fundamentar o conhecimento em certezas imediatas, extraídas das percepções simples. É o que o aforismo número 20 objeta contra a "superficialidade" de John Locke.

O argumento considera que os conceitos e os sistemas filosóficos não surgem, nem se desenvolvem, arbitrariamente, mas de acordo com um desdobramento orgânico, como os "membros da fauna de alguma parte da terra", um ecossistema. Conceitos e sistemas filosóficos historicamente existentes são especificações de um "esquema básico de filosofias possíveis" que sempre percorrem a mesma órbita e se sucedem numa determinada ordem.

> O assombroso parentesco de família de todo o filosofar hindu, grego, alemão se explica com bastante simplicidade. Justamente onde existe um parentesco lingüístico, torna-se impossível, em absoluto, evitar que, em virtude da filosofia comum da gramática — quero dizer, em virtude do domínio e da direção inconscientes de funções gramaticais idênticas —,

> tudo se encontre disposto de antemão para um desenvolvimento e uma sucessão homogêneos dos sistemas filosóficos: do mesmo modo como parece estar impedido o caminho para possibilidades distintas de interpretação do mundo. Os filósofos da área lingüística uralo-altaica (na qual o pior desenvolvido é o conceito de sujeito) olharão com grande probabilidade "o mundo" de maneira diversa, e serão encontráveis em outros caminhos que os dos hindogermanos e muçulmanos.

O núcleo do argumento consiste em demonstrar que a proveniência de nossas idéias não é simples e imediata, um decalque de nossas impressões sensíveis elementares. Nossas "idéias" são lógico -gramaticalmente prefiguradas; por sua vez, a estrutura gramatical da língua que falamos tem raízes históricas, ligadas ao processo de constituição e desenvolvimento de um povo, de uma cultura — variando, portanto, de acordo com as matrizes lingüísticas que estão na base dessas grandes unidades étnicas.

Também no caso da proveniência das idéias, como já se evidenciara com a análise do *cogito*, a interpretação é inseparável do fato: do mesmo modo que "a verdade" doravante só pode aparecer entre aspas, assim também ocorre com "o mundo", que é outro para um filósofo cuja raiz lingüística tem uma estrutura gramatical diversa da hindogermânica.

A desconstrução da certeza presente no "eu penso" provoca ainda outra espécie de desestabilização da filosofia: a que diz respeito à noção tradicional de subjetividade. Aquela certeza, como é patente, tem seu fundamento na clareza e na distinção produzidas pela representação.

Esta, por sua vez, se identifica com a atividade da consciência, intelecto, mente, espírito, ou razão (sob esse ponto de vista, tais termos podem ser tomados como sinônimos). O fundamento epistemológico da representação é a complementaridade entre sujeito e objeto. Como *eu penso*, o sujeito da representação se identifica com a unidade da consciência pensante.

É justamente a dissolução dessa unidade que se encontra em ação em toda a filosofia moderna. Esta é interpretada, em seu conjunto, como um desenvolvimento e aperfeiçoamento do ceticismo, cujo propósito, consciente ou não, é o solapamento da segurança inspirada pela unidade subjetiva centrada na consciência. É a partir desse ponto de vista que o aforismo 54 procura enquadrar o próprio Kant nas hostes do ceticismo moderno:

> No fundo, o que faz, pois, toda a filosofia mais recente? Desde Descartes — e, em verdade, mais em oposição a ele do que sobre a base de seu precedente —, por parte de todos os filósofos, sob a aparência de uma crítica do conceito de sujeito e predicado, comete-se um atentado contra o antigo conceito de alma. Outrora, com efeito, acreditava-se na "alma", como se acreditava na gramática e no sujeito gramatical: dizia-se "eu" é condição, "penso" é predicado e condicionado — pensar é uma atividade para a qual *tem-se que* supor como causa um sujeito. Depois, com uma tenacidade e astúcia dignas de admiração, fez-se a tentativa de ver se não se poderia sair dessa rede — se, por acaso, o contrário não seria verdadeiro: "penso", como condição, "eu" como condicionado; "eu", portanto, apenas uma síntese *produzida* pelo próprio pensar. No fundo, Kant quis demonstrar que, partindo

> do sujeito, não se poderia demonstrar o sujeito — e o objeto também não.

Porque o sujeito estava fundado na unidade simples da consciência, a desubstancialização da subjetividade cartesiana, levada a efeito pela *Crítica da razão pura*, de fato, denuncia o paralogismo cometido por Descartes, mas acaba por colocar em seu lugar a idéia de sujeito produzido pela síntese das representações.

Dessa maneira, o "eu penso", como "apercepção transcendental", segundo os termos de Kant, não garante nenhuma existência, antes se reduz à consciência formal de um "eu", que deve acompanhar todas as demais representações, precisamente para que estas se unifiquem num sujeito, numa consciência.

O que, todavia, permanece metafisicamente o mesmo é que a subjetividade, apesar de *meramente aparente*, ou seja, de ser o efeito da síntese realizada pela operação de pensar, continua fundada na categoria de unidade. Por isso, a crítica de Nietzsche atinge também esse ponto do programa crítico kantiano, também ele enfeitiçado pela unidade gramatical, que induz à unidade aparente da consciência, tal como anteriormente ocorrera com Descartes. Esse o *insight* que se resume no aforismo 17:

> Um pensamento vem quando "ele" quer, e não quando "eu" quero; de maneira que constitui uma *falsificação* da realidade efetiva dizer: o sujeito "eu" é a condição do predicado "penso".

Nem como consciência formal, nem como substância pensante, pode-se *demonstrar* a unidade efetiva da subjetividade. Pelo contrário, a radicalização do criticismo poderia mesmo avalizar a convicção oposta, a saber, do caráter ilusório dessa unidade.

Se, pela análise da representação, não fazemos senão nos enredar em sua própria trama, não nos seria facultado um acesso à essência do real por meio de outra espécie de intuição, ou certeza imediata, i.e., pela imediatez da *vontade*?

Para além de toda representação organizada pelo princípio de razão — para além, pois, de espaço, tempo, causalidade, não atingiríamos o núcleo metafísico do real por meio da vontade, cuja objetivação se dá no corpo, que não tenho, mas sou?

Essa foi, com efeito, a convicção de Schopenhauer. E, se Nietzsche interpreta a filosofia de Schopenhauer como o ponto mais alto do desenvolvimento da metafísica, isto é, sua transformação em ciência e em sistema, então a refutação da doutrina schopenhaueriana da vontade será, para ele, o golpe de misericórdia no dogmatismo metafísico.

À desconstrução da concepção de subjetividade fundada na unidade metafísica da vontade, Nietzsche dedica vários aforismos de *BM*. Particularmente significativo é o de número 19, cuja análise nos resumirá o essencial de seus argumentos. Também aqui, como veremos a seguir, está vedado o acesso à "verdadeira" realidade, à essência do universo, ao núcleo ontológico da "coisa em si".

> Os filósofos costumam falar da vontade como se esta fosse a coisa mais conhecida do mundo. A mim parece, porém, que Schopenhauer, também nesse caso, só fez precisamente o que

> filósofos costumam fazer: ele assumiu e exagerou um *preconceito popular*. Querer parece, para mim, sobretudo algo *complicado*, algo que somente como palavra é uma unidade — e justamente em uma palavra reside o preconceito popular, que se tornou senhor da sempre apenas exígua precaução dos filósofos.

Reedita-se, no plano da análise da vontade, o mesmo procedimento que já verificamos no plano da análise da representação: generaliza-se a superstição da unidade fundada numa auto-inspeção superficial do intelecto.

Em todo ato volitivo existe, pois, uma pluralidade de sentimentos; e não apenas sentimentos, pois também um pensamento que comanda faz parte necessariamente de toda efetiva volição, "e não se deve acreditar que se possa separar esse pensamento do 'querer', como se então ainda permanecesse a vontade!" Querer é, pois, algo muito mais complexo do que pode parecer, à partir da unidade nominal de "Vontade". Um "pensar" integra inseparavelmente todo sentir e querer.

A toda volição pertence um "afeto de comando". Todo ato de vontade se produz na e pela divisão interna do "eu". Existe, pois, internamente, uma divisão entre um "eu" que comanda e um "ele", uma curiosa espécie de alteridade, um "algo" em nós, que obedece — que *tem que obedecer*.

> Ora, pois, observe-se agora o que é o mais assombroso na vontade: na medida em que, em cada caso dado, somos, ao mesmo tempo, os que comandam e os que obedecem — e, como os que obedecem, conhecemos os sentimentos do constranger, urgir, pressionar, resistir, mover, que costumam ter início imediatamente depois do ato da vontade; na medida

> em que nós, por outro lado, temos o hábito de nos transplantar enganosamente para além dessa dualidade, por meio do conceito sintético "eu", acrescentou-se ainda à vontade toda uma corrente de errôneas conclusões e, conseqüentemente, de falsas avaliações da própria vontade — de maneira que aquele que quer acredita, de boa fé, que querer *seja o bastante* para a ação.

A unidade sintética do eu adquire um sentido ligado ao universo do querer, não mais da representação. Nela se sintetiza a pluralidade de vivências e estados psíquicos numa unidade *criada* pela consciência, de modo que na consciência produz uma identificação do "eu" com o já mencionado *afeto do comando*.

Dessa maneira, quando queremos e esperamos que o comando da vontade seja executado pela ação, identificamo-nos com os sentimentos próprios dessa condição, como o coagir, o oprimir, o constranger, deixando na sombra a *dualidade* entre poder e resistência.

Essa identificação reúne estados antagônicos numa unidade fictícia, cuja expressão se dá como consciência do poder "da vontade", ou melhor da "liberdade". O essencial consiste aqui num processo de unificação e identificação, cujo efeito principal é a simplificação do complexo:

"Dado que, na maioria dos casos, só é realizado um ato de vontade onde também podia ser *esperado* o efeito do comando, isto é, a obediência, então traduziu-se em sentimento a *aparência* de que aqui haveria a *necessidade do efeito*. 'Liberdade da vontade' — essa é a palavra para o complexo estado prazeroso daquele que quer, que comanda e, ao mesmo tempo, se identifica com o executante e que, enquanto tal, co-experimenta o triunfo sobre resistências, porém julga consigo mesmo que seria sua própria vontade quem propriamente superaria as resistências."

O que se encontra efetivamente em ação é um emaranhado de processos psíquicos, que deve ser cuidadosamente submetido à análise. Nele ocorre, com efeito, um curioso processo de identificação: a instância que comanda e as "subferramentas" responsáveis pela execução do comando se identificam no sentimento de prazer produzido pela ordem bem-sucedida, isto é, pela ação executada. Esse tônico sentimento de potência domina a superfície da consciência e, fundindo-se com ela, gera a impressão de unidade.

É graças a isso que o "eu" acredita que basta a *força de sua vontade* para que sejam vencidas todas as resistências que se opõem ao desencadeamento do efeito desejado. É nesse intrincado processo de fusão e identificação que tem origem o sentimento de autarquia e liberdade da vontade.

> *L'effet c'est moi*: ocorre aqui o que ocorre em toda comunidade bem construída e feliz, a saber, que a classe dirigente se identifica com os sucessos da comunidade.

Completa-se, dessa maneira, a dissolução daquela outra figura moderna da evidência: a filosofia subjetivamente centrada não pode mais subsistir nem no pólo da representação, nem no pólo da vontade. Em nenhum deles atingimos uma unidade simples; o "eu" se revelou como um abismo de problemas, em nenhuma parte se tem acesso ao real, à coisa mesma, nem pelo lado do objeto, nem pela via do sujeito; o "fato" nu e puro jamais pode ser estabelecido. A consciência filosófica está irremediavelmente encerrada no círculo das interpretações. Com isso, esgotaram-se as formas tradicionais de acesso à "verdadeira realidade".

É nesse horizonte hermenêutico que Nietzsche articula sua hipótese global de interpretação da existência, fundada no conceito de vontade de poder, sob o signo da certeza de que não há texto — apenas interpretação. Curiosamente, a primeira exposição conceitual da doutrina da vontade de poder tem lugar no aforismo 22 de *BM*, que se inicia justamente com uma espécie de elogio velado da *filologia*.

> Que, como um velho filólogo que não pode abdicar da maldade de apontar más artes de interpretação, eu seja perdoado — mas aquela "regularidade da natureza" de que vós, físicos, falais com tanto orgulho, como se — subsiste apenas graças a vossa interpretação e má "filologia"; ela não é nenhum conteúdo de fato, nenhum "texto", senão apenas um arranjo e uma distorção de sentido ingenuamente humanitários, com o que vindes fartamente ao encontro dos instintos democráticos da alma moderna!

O experimento problematiza o mais indisputado dos candidatos a *texto*: aquele da moderna *hard science*, a ciência mecânica. É o texto constituído pelas leis naturais, pela legislação que institui a unidade da experiência, cuja máxima expressão se condensa na universalidade da lei segundo a qual os efeitos são produzidos, de acordo com uma regra, a partir de suas causas. É a isso, desde Kant, que se dá propriamente o nome de natureza: a existência das coisas, na medida em que é determinada por leis universais.

Para Nietzsche, essa regularidade é interpretação, não texto. Pode-se até mesmo dizer que se trata de uma interpretação *ideológica*, na medida em que representa a consagração inconsciente do modo tipicamente democrático de pensar — dos instintos democráticos, no vocabulário provocativo de Nietzsche.

Com efeito, afirmar que existem *leis na natureza* tem, pelo menos, duas conseqüências: em primeiro lugar, que a tais leis uniformes estão submetidos *todos* os fenômenos naturais, o mundo inorgânico e orgânico, os animais e os homens. Nenhuma diferença, portanto; também a natureza seria a consagração do princípio democrático da isonomia. Em seguida porque, face à imutabilidade de tal ordenamento, nada se pode fazer: tais leis são universais e necessárias, portanto ninguém pode modificá-las; não se pode senão obedecê-las. Mesmo a pretensa dominação da natureza pelo conhecimento só se pode obter pela sujeição a essas leis.

> Porém, como foi dito, isso é interpretação, não texto: e poderia vir alguém que, com um propósito e arte de interpretação antitéticos, afirmasse desse mesmo mundo aquilo que vós afirmais, a saber, que ele tem um curso "necessário" e "calculável", porém *não* porque nele dominem leis, senão porque *faltam* absolutamente leis, e todo poder, em cada instante, extrai sua derradeira conseqüência.

O cenário em que o experimento transcorre é filológico: trata-se de um afrontamento entre duas *interpretações* — a interpretação mecânica do universo, que repousa sobre o "texto" das leis naturais, e uma "arte de interpretação e propósitos" *opostos*.

O experimento denuncia a falácia argumentativa presente na teoria que combate, demonstrando que ela também é interpretação, não texto. Isso se faz revelando o caráter ideológico da pretensa objetividade científica, combinada com a demonstração do enraizamento lógico gramatical (e, portanto, culturalmente determinado) de toda teoria.

Em seguida, apresenta-se a contra-dicção: o oponente da física moderna, a partir da *mesma* natureza e em face dos *mesmos* fenômenos, efetuaria *outra* leitura, com base no conceito de vontade de poder. O curso da natureza seria previsível, necessário e calculável, justamente porque *não há* leis naturais — porque na natureza vigora a vontade de poder. A necessidade nela presente é aquela que vige em toda força, em toda relação de domínio e sujeição: todo poder, a todo instante, extrai sua derradeira conseqüência.

Como vontade de poder, a natureza só pode ser pensada como infinita multiplicidade de forças em relação, como um campo de forças, cuja essência consiste em sua efetivação integral, a cada instante.

Que credencial torna preferível essa interpretação à mecânica, do ponto de vista da inteligibilidade da natureza? Em primeiro lugar, um nível superior de auto-reflexão: a teoria baseada na vontade de poder sabe de seu caráter incontornavelmente interpretativo — por isso ela não pretende ser *texto* contraposto à *interpretação* física.

Em segundo lugar, pelos efeitos potencializadores que produz: a interpretação física conduz à resignação, à submissão do conhecimento e do agir humanos às leis naturais.

A interpretação fundada na vontade de poder libera um ilimitado horizonte de cognição e operacionalidade sobre a natureza (lembremo-nos das expressões "necessário" e "calculável", que remetem para o âmbito da operacionalização técnica da teoria); ela capacita a vontade humana de poder para imprimir sobre a natureza o selo de sua própria legislação.

Esse segundo sentido do experimento é tão fundamental quanto o primeiro, na medida em que *BM* é concebido como prelúdio de uma filosofia do futuro, como o livro que cria as condições de possibilidade para o surgimento de *novos* filósofos — os legisladores para os próximos milênios, uma vez que a legislação anterior entrou em colapso, com a morte de Deus e, em conseqüência dela, com o niilismo.

Novos filósofos — os espíritos livres, *muito* livres — necessitam de nova atmosfera espiritual, que é propiciada por um aprofundamento crítico do programa do Esclarecimento. É impossível recuar do limiar filosófico alcançado com a Ilustração; é necessário que o pensamento se emancipe de toda tutela que o mantinha agrilhoado ao obscurantismo e à superstição.

Todavia, é necessário ir mais adiante: justamente porque somos esclarecidos e emancipados, é imperioso que ousemos problematizar toda forma de incondicionado — inclusive o valor absoluto da verdade. Desse modo, nenhuma perspectiva de sentido, vigente na natureza ou na história, independe de sua instituição pela vontade humana. Transposto esse limiar, desaparece o texto, resta apenas o poder infinito da interpretação instituidora de sentido e de valor. Justamente por esse motivo o aforismo 22 conclui da seguinte maneira:

> Supondo que também isso não seja senão interpretação — e vós seríeis zelosos o suficiente para objetar isso? —, ora bem, tanto melhor.

A expressão final, "tanto melhor", fornece a chave para a resposta à objeção simulada. Tanto melhor que seja interpretação, porque não há senão isso; e, nessa medida, é melhor que ela seja consciente de si, não mistificadora.

Para completar a instituição de uma interpretação global da existência que prepara as condições espirituais para o advento dos *novos* espíritos livres, é necessário vincular o aforismo 22 da primeira seção com o aforismo 36 da segunda, intitulada justamente *o espírito livre*. Nesse aforismo 36 Nietzsche completa sua exposição conceitual da vontade de poder.

> Suposto que nenhuma outra coisa seja "dada" como real, além de nosso mundo de desejos e paixões, que não possamos descer ou subir a nenhuma outra "realidade" que não justamente à realidade de nossos impulsos — pois pensar é apenas um relacionar-se entre si desses impulsos: não seria permitido fazer a tentativa e formular a pergunta se esse dado não é *bastante* para compreender, partindo do idêntico a ele, também o assim chamado mundo mecânico (ou "material")?

Nietzsche considera legítima a condição colocada no início do experimento. Portanto, não seria permitida a interpretação analógica que, partindo do mundo orgânico, dos nossos impulsos, inferisse algo a respeito do universo inorgânico? Uma vez admitido que, no mundo orgânico, vigora incondicionalmente a vontade de poder, não seria possível generalizar a hipótese, afirmando que ela vigora também no mundo mecânico?

Para Nietzsche, esse alargamento nada tem de aleatório, sendo lícito e mesmo exigido por um princípio de economia científica — o que credencia sua autorização teórica. De acordo com aquela prescrição, é necessário conduzir nossas hipóteses a um *maximum* de generalização e uniformidade, economizando princípios supérfluos, sobretudo os teleológicos.

Assim o exige o rigor dos procedimentos, desde a proverbial navalha de Ockam, pois a consciência do método tem que ser "essencialmente economia de princípios". Por essa razão, não devemos aceitar "várias espécies de causalidade enquanto não tenhamos levado a seu extremo limite ... a tentativa de nos satisfazermos com uma só".

Para que o experimento seja conduzido adequadamente, faz-se necessário conceber o mundo inorgânico como uma *forma prévia* e mais primitiva da vida:

> Como algo dotado de grau de realidade idêntico ao dos nossos afetos — como uma forma mais tosca do mundo dos afetos, na qual se encontra ainda englobado, numa poderosa unidade, tudo aquilo que em seguida, no processo orgânico, se ramifica e configura, como uma espécie de vida pulsional na qual todas as funções orgânicas, a auto-regulação, a assimilação, a alimentação, a secreção, o metabolismo, permanecessem sinteticamente ligadas entre si.

Admitida a causalidade da vontade — considerada como evidente pela moderna consciência científica — e se, por razões de método, não podemos instituir outra espécie de causalidade, antes de esgotar aquela que admitimos, então *é legítimo* considerar a causalidade da vontade como única.

Sendo a causalidade uma das figuras da categoria de relação, é necessário vincular a ela, de acordo com a dedução kantiana, os conceitos de subsistência e inerência, comunidade e reciprocidade. De onde se pode inferir que, se a vontade produz efeitos, isto é, se a vontade *causa*, ela não pode produzir efeitos senão sobre algo que lhe seja comum e recíproco, isto é, sobre *vontade*.

> A "vontade", naturalmente, só pode produzir efeito sobre "vontade" — e não sobre "matéria" (não sobre "nervos", por exemplo).

Daí ser legítima a pergunta: onde quer que reconheçamos efeitos produzidos, não estaríamos em face da produção de efeitos de vontade atuando sobre vontade? Além disso, na medida em que em todo acontecimento mecânico atua uma força, não estaríamos também aí, no mundo físico, em face de uma força de vontade, de um efeito de vontade?

> Suposto, finalmente, que se conseguisse explicar nossa inteira vida pulsional como a conformação e ramificação de uma única forma fundamental da vontade — a saber, da vontade de poder, como é *minha* proposição (*Satz*); suposto que se pudesse reconduzir todas as funções orgânicas a essa vontade de poder e nela se encontrasse também a solução para o problema da geração e da nutrição — trata-se de *um* proble-

ma; então ter-se-ia adquirido o direito de determinar inequivocamente *toda* força produtora de efeitos como *vontade de poder*. O mundo visto por dentro, o mundo determinado e designado por seu "caráter inteligível", seria justamente "vontade de poder", e nada além disso.

Se forem obedecidas todas as prescrições metodológicas presentes no experimento, então a universalização da hipótese da vontade de poder produziria o máximo grau de simplicidade, abstração e unidade em nosso conhecimento. Com ela, estaríamos de posse de uma *interpretação global* (*Gesamtauslegung*) do mundo inorgânico e orgânico, tendo como ponto de partida o universo humano, por nós conhecido — o complexo domínio de nossos impulsos — inversamente ao modo como poderíamos interpretar todo fenômeno natural a partir da hipótese da atração recíproca de partículas de matéria.

Nietzsche não tem em mente suprimir a diferença entre a racionalidade metódica, científica e outras formas de manifestação do espírito humano, como a arte, por exemplo. Pelo contrário, a perempção da interpretação física, ou mecânica, do universo, substituída pela hipótese da vontade de poder, tem como base e pressuposto, como também já observamos, rigorosas prescrições do método científico.

Esse pressuposto é explicitamente tematizado em vários textos de Nietzsche. Pode-se mesmo dizer que a representação mecanicista do universo deveria ser considerada, de acordo com ele, como princípio regulativo do método. Daí, porém, não deriva que ela deva ser considerada como a mais "verdadeira", isto é, como texto, como correspondendo à estrutura da "realidade". Seu mérito consiste em tornar necessário o maior rigor e disciplina, com exclusão de toda superstição grosseira e sentimentalidade.

É justamente essa preocupação com o rigor do método científico que conduz Nietzsche à exaltada admiração pelo trabalho de Boscovich, tal como fica resgistrado, por exemplo, no aforismo 12 de *BM*, abaixo. Nessa passagem, pode-se apreender de maneira exemplar o sentido da crítica à objetividade científica, a partir de diretrizes de rigor metodológico.

Contra o atomismo materialista — isto é, contra a ideologia positivista dominante no meio científico do final do século XIX —, é possível explicar, a partir da noção de campo de força, tal como formulada por Boscovich, os fenômenos de ação à distância sem necessidade de pressupor o átomo material, que seria o suporte físico da força, de onde esta irradiaria seus efeitos.

> Boscovich nos ensinou a abjurar da crença na última coisa da Terra que "permanecia fixa", a crença no "material" (*"Stoff"*), na "matéria" (*"Materie"*), no átomo, nesse último resíduo de partícula terrestre: este foi o maior triunfo sobre os sentidos até agora conquistado na Terra.

Nietzsche não recusa a objetividade científica, desde que essa seja considerada como interpretação, no caso, como esquema de formulação e simplificação, com vistas à comunicação e ao cálculo. A ciência cria, a partir do emprego de modelos lógico-matemáticos, uma linguagem simbólica comum para todos os fenômenos. Essa abreviatura dos fatos simplifica os meios de descrição dos acontecimentos, insere o complexo vir-a-ser em esquemas de *calculabilidade*, facilitando a operacionalização dos processos e, conseqüentemente, a dominação técnica da natureza.

O problema está na pretensão científica de apresentar tais esquemas como *texto*, arrastando consigo os irrefletidos artigos de fé na lógica e na gramática da linguagem, hipostasiando "coisas", substâncias, agentes, pacientes, propriedades, causas, efeitos.

Para a dissipação desses fantasmas presentes na ciência, o rigor científico de Boscovich é exemplar. Com base em casos como o dele, é possível aliviar a cientificidade moderna dos pesados compromissos metafísicos implicados em suas hipóteses fundamentais.

Concedida sua parte à seriedade e ao rigor do método científico, não se pode passar ao largo da indispensável veia humorística desse aforismo 36, atestada pelo recurso estilístico das aspas e destaques por sublinhas, bem como pela presença da expressão "caráter inteligível".

Afirmar que o mundo visto a partir de dentro, determinado por seu "caráter inteligível", seria vontade de poder constitui uma vertiginosa paródia da solenidade metafísica de Schopenhauer. A hipótese da vontade de poder é uma deposição da postura teórica mais avançada da metafísica moderna — esse é o juízo que Nietzsche faz do "leal ateísmo materialista" de Schopenhauer.

Contudo, a ironia irreverente não se esgota aí. O conceito de vontade de poder dissolve, como vimos anteriormente, a própria possibilidade de se postular um "caráter inteligível", na medida em que, revertido o platonismo, não mais subsiste a oposição entre sensível e inteligível, cuja função é matricial no pensamento metafísico.

Por essa razão, afirmar que a vontade de poder seria o "caráter inteligível" do universo representa um pirotécnico exercício de auto-ironia. É isso que indica a frase derradeira "e nada além disso". Nietzsche quer dizer que *este* mundo, em que vivemos, é o único existente, não existe mais nenhum "verdadeiro mundo", portanto nenhum "mundo inteligível".

Essa mesma alternância entre gravidade e leveza se encontra no aforismo 25, da segunda seção, que é dedicada aos espíritos livres. Dessa vez, ela toma a forma de advertência contra o sacrifício perante o altar da verdade: Nietzsche propõe "aos mais sérios" que se precavenham contra o martírio, inclusive e principalmente o martírio pela verdade.

Aliás o próprio gesto de se defender a si mesmo

> corrompe toda inocência e toda sutil neutralidade de vossa consciência, torna-vos cabeças-duras ao enfrentar objeções e trapos vermelhos, entontece-vos, animaliza-vos; apresentando-vos como defensores da verdade na Terra — como se "a verdade" fosse uma pessoa tão indefesa e torpe que necessitasse de defensores! E precisamente de vós, cavaleiros de tristíssima figura, meus senhores de esquina e tecelões de teias de aranha do espírito!

Os novos filósofos serão os espíritos livres, que já *Humano, demasiado humano* conjurara. Serão, porém, espíritos muito livres, na medida em que terão ultrapassado o limiar de criticidade que ainda mantinha como que entorpecidos aqueles que se julgavam os Dom Quixotes do conhecimento e da verdade.

Os espíritos *muito* livres, os filósofos do futuro, permanecerão fiéis à sua vocação para a "filo sofia", continuarão sendo amantes da verdade, como até agora o foram todos os autênticos filósofos. Porém seguramente não serão dogmáticos: eles se manterão sobretudo zelosos de "sua" verdade, não de uma "verdade para qualquer um" — pois essa foi a mais recôndita aspiração de todos os dogmáticos.

> "Meu juízo é *meu* juízo: não é fácil que também outro tenha direito a ele" — assim diz talvez um tal filósofo do futuro. É necessário apartar de nós o mau gosto que consiste em querer coincidir com muitos.

Neste penúltimo aforismo (43) da seção dedicada aos espíritos livres, Nietzsche já enuncia o dístico fundamental de sua crítica da modernidade política: a recusa intransigente do nivelamento, daquilo que ele caracteriza como rebaixamento e autodegradação do homem. Para ele, filosofia é medida de grandeza e tem por matéria e espírito a vivência estritamente pessoal, singular. Independência é, antes de tudo, uma questão de autopreservação e domínio de si. Essa é a prova pela qual terão que passar seus novos filósofos.

Como no experimento platônico da *pólis* ideal, eles se destacarão da multidão dos comuns pela excelência de suas virtudes. Porém, diferentemente de Platão, não será mais tarefa deles retornar à caverna, administrar *eclesias*, apascentar rebanhos. Os novos filósofos serão os solitários aristocratas do espírito, os paladinos da probidade intelectual, aqueles que projetarão a figura do humano para além de bem e mal, para além do último homem.

Um interlúdio para a leveza e a graça

Poderíamos dizer que as três primeiras seções, a saber: "Sobre os preconceitos dos filósofos", "O espírito livre" e o "Ser religioso", se ocupam sobretudo com esferas culturais da ciência, filosofia e religião e preparam a fundamentação teórico-conceitual da seção intitulada "Para a história natural da moral".

Antes, porém, de nos convocar para essa temerária aventura pelo perigoso território da moralidade, "Sentenças e interlúdios", a quarta seção do livro, proporciona um magnífico exemplo da maestria aforística de Nietzsche, algo como um *intermezzo* e lúdica preparação, um jovial tomar fôlego antes de iniciar uma grave tarefa — a crítica genealógica da moral, que estabelece as bases para a crítica da modernidade política:

"Quem é fundamentalmente mestre não leva nada a sério senão em relação a seus alunos — nem sequer a si mesmo."

"Jesus disse a seus judeus: 'A lei era para servos — amai a Deus como eu o amo, como seu filho! Que importa a nós, filhos de Deus, a moral!'"

"Para a história natural da moral"

A tentativa de constituição dessa história natural da moral se encontra na seção que porta justamente o mesmo nome e constitui uma espécie de pivô do livro. Dando o acorde inicial dessa seção, o aforismo 186 contém o centro nevrálgico da genealogia nietzschiana da moral; dele se irradiam os mais importantes efeitos em termos de filosofia prática, que integrarão a si perspectivas diversas de análise do fenômeno moral, como as da psicologia, da história, da fisiologia, da semiologia.

O argumento se inicia com a identificação do descompasso entre o refinamento da sensibilidade moral moderna e a grosseira miopia da autodenominada "ciência da moral". Schopenhauer figura como a corporificação desse hiato. Para Nietzsche, até então, todos os filósofos que se ocuparam da moral preocuparam-se sobretudo com a fundamentação da mesma.

Com isso pretende ele aludir, em primeiro lugar, aos empreendimentos de Kant (*Die Grundlegung der Metaphysik der Sitten*) e de Schopenhauer (*Über die Grundlage der Moral*). Para Nietzsche, tais tentativas são apenas um esforço ingênuo e carente de autocrítica, pretendendo a justificação e legitimação filosófica *de um certo tipo de moral*, a saber, da moral vigente, socrático-platônico-cristã.

Firmes no propósito de fundamentar a moral, os filósofos se equivocam já no ponto de partida, pois desconsideram um fato elementar: não existe *a* moral; existem várias morais, como linguagem simbólica de nossos impulsos e afetos. Uma *história natural* da moral tem que se iniciar justamente com a problematização das evidências sobre *a* moral.

Esse aforismo programático contém em germe todos os traços essenciais da futura obra *Para a genealogia da moral*. Em matéria de *história natural* da moral, aquilo que se coloca como primeira tarefa consiste justamente no contrário das pretensões de *fundacionistas* sobre *a* moral.

Em toda tentativa de fundamentação, a própria moral é considerada um dado natural, algo que não se pode, ou deve, problematizar. *A* moral é tacitamente admitida como a *única* moral. A questão remanescente é a de exibir o fundamento racional de suas pretensões de validade. A tarefa inicial, proposta por Nietzsche, será, pois, muito mais modesta que a sempre desmesurada ambição fundacionista. O primeiro traço a ser destacado nesse aforismo 186 é a metódica preocupação do historiador; ela constitui preparação indispensável para uma *tipologia* da moral.

> Deveríamos nos confessar, com todo o rigor, *aquilo* de que, a esse respeito, ainda necessitamos por muito tempo, *a única coisa* que provisoriamente tem direito: a saber, coleta de material, apreensão conceitual e ordenação de um imenso reino de delicados sentimentos e diferenças de valor, que vivem, crescem, procriam e perecem — e são, talvez, tentativas de tornar visível as configurações mais freqüentes e que mais se repetem dessa cristalização vivente — como preparação de uma *tipologia* da moral.

Nietzsche se propõe, então, a *descrever* as modalidades de moral até então existentes, os *facta* da moral, o que implica o conhecimento de povos, épocas, tempos remotos, com vistas a reunir em *tipos* as modalidades mais freqüentemente ocorrentes. Essa tipologia só pode ser instituída a partir da comparação entre *várias* morais. Esses tipos ideais, ou modalidades abstratas, receberão a denominação de moral de senhores e moral de escravos, moral dos fortes e moral de rebanho.

> Ainda que isso soe muito estranho, em toda "ciência da moral" *faltou* o próprio problema da moral: faltou suspicácia para perceber que há aqui algo problemático. Aquilo que os filósofos denominam "fundamentação da moral", exigindo de si mesmos realizá-la, foi tão-somente, se o vemos sob uma justa luz, uma forma erudita de *boa fé* na moral vigente, um novo meio de *expressão* dessa moral e, portanto, em realidade, um fato mesmo no interior de uma moralidade determinada, até mesmo, em última instância, uma espécie de negação de que *fosse permitido* apreender essa mesma moral como problema.

A tentativa filosófica de fundamentar *a* moral se revela, portanto, como submissão a uma determinada espécie de moral, a saber, a moral vigente, aquela de uma região, de uma cultura, de um estamento, de uma igreja, de um espírito do tempo reinante numa determinada parte da terra. Com isso, elide-se o essencial, isto é, considerar essa mesma moral criticamente como *um problema*. É esse o caso de Schopenhauer.

Esse professo materialista, ateu intransigente, pretendeu ter resolvido o enigma que todos os sistemas filosóficos anteriores foram incapazes de desvendar. Ele reivindicou para si a descoberta, no sentimento de compaixão, do único e autêntico fundamento da moral. A expressão desse fundamento estaria contida na sentença "*neminem laede, immo omnes, quantum potes, juva*" (não prejudica a ninguém, antes ajuda a todos, tanto quanto podes).

Com isso, Schopenhauer não se apercebeu de que todo seu esforço redundou na consagração filosófica de *um determinado* tipo de moral, precisamente da moral altruísta, cristã. Ele personifica, portanto, a pronunciada distância que separa o refinamento do moderno sentimento moral e a grosseira falta de sensibilidade da assim chamada "ciência da moral".

Com isso, alcançamos a pedra de toque para a compreensão da estratégia fundamental contida em *BM*. *Humano, demasiado humano* ainda não pudera concluir um programa de história natural da moral, privado que estava de um léxico próprio: caberá a *BM* articular conceitualmente a vontade de poder e seu desdobramento, em termos de teoria do conhecimento, o perspectivismo.

Dando cumprimento a esse plano, os aforismos 188, 189, 192 e 199 se encarregam de determinar o que é essencial em toda moral: a saber, justamente aquela natureza prescritiva, que Schopenhauer pretendera denegar, o "tu deves" — a obediência, que está na base de toda moralidade, de toda submissão reverente à autoridade de usos, costumes, tradições. Embora as morais historicamente existentes sejam distintas, de maneira que diferentes sistemas morais modelam figuras distintas do "tipo homem", o traço essencial da moralidade reside na coerção, na exigência de obediência.

Com o propósito de desestabilizar a moral vigente, Nietzsche combina perspectivas históricas e psicológicas, descobrindo, por meio disso, momentos de cristalização e processos de desenvolvimento em diferentes morais, mostrando o estatuto de linguagem simbólica que é característico da moralidade, enquanto transfiguração de impulsos e afetos.

Nesse percurso, a moral socrático-platônico-cristã acaba por se revelar como *resultado* de um longo desenvolvimento histórico de formação, que combina o helenismo e o cristianismo, considerados como raízes culturais do Ocidente.

Reconhecida a historicidade da moral cristã — ou seja, o caráter particular e perspectivo inevitavelmente contido em seus valores e sistemas de avaliação —, rompem-se os grilhões que prendiam a consciência filosófica ao "tu deves" incondicional vigente na moral cristã; agora, ela pode ser, em toda extensão da palavra, crítica e libertadora.

A consciência filosófica conquistou, para Nietzsche, o direito de *colocar em questão*, de transformar em problema, os valores mais venerados pela moralidade. É a partir dessa perspectiva que se articula a denúncia da cumplicidade entre a moral cristã e o projeto político da modernidade.

Nietzsche pretende pôr em evidência que as "idéias modernas" — e os valores nelas sacralizados — são derivações leigas da religião e da moral cristã, especialmente a moderna noção de justiça como igualdade democrática, admitida unanimemente como padrão absoluto de legitimação.

Da genealogia da moral à crítica da modernidade política

É esse o elemento de transição entre a genealogia da moral e a crítica da modernidade política. Não por acaso os aforismos 202 e 203, que encerram a seção "Para a história natural da moral", estabelecerão o diagnóstico desse processo de laicização da moral cristã, que se transfigura em substância espiritual da ordem social e legitimação da autoridade política no mundo moderno.

> Descobrimos que a Europa se tornou unânime em todos os juízos capitais, inclusive naqueles países onde domina a influência da Europa: pelo visto, *sabe-se* aquilo que Sócrates pensava não saber e que a velha e famosa serpente prometeu um dia ensinar — "sabe-se" hoje o que é o bem e o mal. *A moral é hoje na Europa moral de animal de rebanho* — portanto, segundo entendemos as coisas, apenas *uma* espécie de moral humana, ao lado da qual, diante da qual, detrás da qual são ou deveriam ser possíveis outras morais, sobretudo morais superiores.

Os empreendimentos filosóficos de fundamentação *da* moral são, em verdade, tentativas de cortar o passo a essa possibilidade, a esse *deveria*. Com efeito, em todo esforço de fundamentação reverbera a incondicionalidade da moral vigente: a pretensão de se instituir como a moral mesma, além da qual nenhuma outra moral pode ou deve existir.

Para Nietzsche, o liberalismo burguês, com suas aspirações universais à igualdade, no plano político leva, primeiramente, à tentativa de universalização das instituições democráticas e, a partir delas, ao nivelamento e igualização da humanidade, transformada em "rebanho autônomo".

Autoproclamando-se moral absoluta — verdadeiro núcleo racional da moralidade —, a moral cristã igualitária não apenas institui a unanimidade gregária em termos de legitimação moral como, além disso, prossegue o aforismo 203,

> com o auxílio de uma religião que fazia a vontade dos mais sublimes apetites de animal de rebanho, e os adulava, chegou-se ao ponto em que, mesmo nas instituições políticas e sociais, encontramos uma expressão cada vez mais visível dessa moral: o movimento *democrático* é herdeiro do cristão.

O desenvolvimento do movimento democrático em direção a formas de igualitarismo cada vez mais radicais, como o socialismo e o anarquismo, é interpretado por Nietzsche como sintoma de que eles são "unânimes na fundamental e instintiva hostilidade contra toda e qualquer outra forma de sociedade que não a do 'rebanho autônomo'". É nessa imbricação entre a ideologia do igualitarismo uniforme e sua atestação político-religiosa pela moral cristã que se esclarece o significado da figura nietzschiana do "último homem".

Para Nietzsche, o projeto político da modernidade, sob a forma da extensão planetária da igualdade democrática como *única* maneira de legitimação ético-política, constitui não apenas um modo decadente da organização social, mas, mais profundamente, um modo de rebaixamento e mediocrização da humanidade, de autodiminuição de valor do homem.

É essa suspeita que se encontra explicitamente formulada num importante fragmento póstumo contemporâneo de *BM*:

> Creio que tudo o que hoje na Europa estamos habituados a venerar como "humanidade", "moralidade", "humanitarismo", "compaixão", "justiça", em verdade tem um valor de fachada como enfraquecimento e mitigação de certos impulsos fundamentais poderosos e perigosos, porém, a despeito disso, a longo prazo, não é nada mais que o apequenamento do inteiro tipo "homem", sua definitiva *mediocrização*, se me quiserem excusar uma palavra desesperada num assunto desesperado.

Por causa disso, essa seção se encerra com o aforismo 203 conjurando aqueles "que são de outra crença". Para onde deveriam se voltar as aspirações dos apóstatas do ideário democrático? Nietzsche não hesita um instante em apontar esse alvo, uma variante da meta que fora vislumbrada por *Humano, demasiado humano* e agora retomada por *BM*:

> Para *novos filósofos*, não resta nenhuma escolha: para espíritos suficientemente fortes e originários para dar os impulsos a avaliações antagônicas e transvalorar "valores eternos"; a precursores, a homens do futuro, que atem no presente a coação e o nó, que constranjam a vontade de milênios a seguir *novas* rotas. Para ensinar ao homem que o futuro do homem é *vontade* sua, que depende de uma vontade humana, e para preparar grandes ousadias e tentativas globais de disciplina e seleção, destinados a acabar com aquele horrível domínio de absurdo e acaso que até agora se chamou "história".

Essa é a vocação e a missão do filósofo. A essa tarefa elevada corresponde uma terrível responsabilidade, a de redimir a vontade e a história humana, dando cumprimento a um inexorável dever: o de tomar em suas mãos o martelo e o cinzel para esculpir a figura do futuro humano na história. Esse é o assustador limiar de autodeterminação em que se coloca a modernidade.

Sobre nós, homens modernos, já não brilha mais um firmamento estrelado, dando abrigo a esperanças redentoras, num céu que teria sido decerrado pelo imperativo categórico da moralidade. A moderna consciência científica já não pode mais acreditar numa teleologia da natureza, num sentido providencial para a história, numa significação ética da existência, em nada que escape à autodeterminação da vontade. Nietzsche não vê consolo ou justificação metafísica, científica ou ética para a existência. Ou o homem moderno assume o ônus de determinar-se, *enquanto homem*, ou terá que renunciar à sua autonomia e ser determinado por outrem, pelos deuses ou pelos outros homens. Nos termos de Zaratustra: comandado deve ser sempre aquele que não é capaz de obedecer a si próprio.

Segundo o diagnóstico de Nietzsche, faz-se necessário um inaudito perfil humano de *grandeza* para esse *experimentum crucis*. Porém, no mundo moderno, o horizonte se encontra obliterado pela sombra espectral do homem-anão. O que nele se empreende, há mais de três séculos, é, para Nietzsche, uma tentativa global em sentido inverso da autosuperação do homem, a saber, o ensaio de auto-rebaixamento, de congelamento do "tipo homem" numa figura medíocre e banal.

BM procura, por um lado, instituir novas condições e, por outro, aproveitar as circunstâncias favoráveis existentes e necessárias para o surgimento daquele tipo de grandeza, que é capaz de sentir como seu *dever* a realização daquela prova.

Aquilo para o que Nietzsche pretende chamar a atenção é a *necessidade* de tais espíritos livres, condutores legítimos da epopéia humana, assim como o *perigo* de que eles permaneçam ausentes, ou que malogrem, ou degenerem. É esse perigo que também se encontra formulado no aforismo 203.

> Quem adivinha a fatalidade que se oculta na estúpida falta de suspicácia e credulidade das "idéias modernas", e mais ainda em toda a moral cristã européia: esse padece de uma ansiedade com a qual nenhuma outra se deixa comparar.

Para Nietzsche, vigora nesse processo um tipo impessoal e camuflado de vontade de poder, que oculta — primeiramente a si mesmo — essa sua condição. Ao instituírem-se como valor absoluto e submeterem a si toda e qualquer outra forma de sentimento de valor e valoração, as "idéias modernas" realizam esse seu impulso inconscientemente tirânico e, ao mesmo tempo, promovem o nivelamento e a uniformização massiva da humanidade.

Expressões desse movimento são a estéril auto-suficiência do moderno filisteísmo cultural; a redução utilitarista do ideal de felicidade a conforto, segurança e bem-estar; a hipócrita autocompreensão do europeu civilizado como sendo o sentido do progresso e o "fim da história".

A fecundidade dos antagonismos

Se é esse o resultado do progresso — aprofundamento e consolidação do movimento democrático na Europa — então o que autoriza Nietzsche a sonhar com seus "novos filósofos"? Não seria isso a ociosidade vã de um pensador alienado do real movimento da sociedade de seu tempo?

Para Nietzsche, no entanto, essa esperança se enraíza num diagnóstico que concebe os movimentos culturais como sendo engendrados a partir de antagonismos. O antagonismo é uma figura de pensamento que aparece em diferentes contextos e momentos, tanto de *BM*, quanto de toda a obra nietzschiana. Para os fins que nos importam em *BM*, será suficiente ilustrá-la a partir de três exemplos. Em primeiro lugar, por uma análise da modernidade política, realizada nos termos do aforismo 242:

> As mesmas condições sob as quais surgirão, falando em termos gerais, uma nivelação e uma mediocrização do homem — um homem animal de rebanho, útil, laborioso, utilizável e adestrado em muitas coisas — são apropriadas, em sumo grau, para dar origem a homens de exceção, de uma qualidade perigosíssima e muito atraente.

Ao contrário do que tão freqüentemente se julga, não encontramos em Nietzsche uma condenação maniqueísta do progresso e do movimento democrático na Europa. Trata-se, muito pelo contrário, de examiná-lo em profundidade, sem preconceitos, para se tornar capaz de discernir o amplo e multifacetado arco de seus antagonismos.

Nietzsche tem diante dos olhos o homem como o "animal ainda não fixado", cujas possibilidades máximas de realização estão longe de terem sido esgotadas. Por essa razão, encontramos a mesma figura de pensamento, que joga com possibilidades antagônicas, desenvolvida, sob um ângulo diverso, no aforismo 200 de *BM*.

Seria necessário acrescentar aos dois primeiros exemplos de produtividade dos antagonismos outro que nos parece o mais surpreendente, na medida em que evoca, no contexto do aforismo 56, uma reminiscência — não nominalmente atestada — da doutrina do eterno retorno.

É preciso, pois, levar em consideração o estatuto e a função dos antagonismos no pensamento de Nietzsche para que possamos nos inteirar da extensão e da profundidade de seu diagnóstico do mundo moderno. Segundo ele, a adequada compreensão do fenômeno do niilismo permite vislumbrar a ambigüidade ínsita a esse fenômeno. Por isso é possível constatar, de acordo com o aforismo 203, as imensas possibilidades daquilo que está em gestação com o surgimento de uma sociedade de massas auto-satisfeita.

> A *degeneração global do homem,* essa degeneração e apequenamento do homem à condição de completo animal de rebanho, essa animalização do homem até converter-se em animal anão, dotado de igualdade de direitos e exigências, é *possível*, não resta qualquer dúvida! Quem pensou alguma vez até o final essa possibilidade, conhece uma náusea a mais que os demais homens — e, quem sabe, também uma nova *tarefa!*

A transição para as novas tarefas

A partir desse elevado patamar teórico e prático, Nietzsche vai poder empreender um acurado exame filosófico-psicológico das virtudes e das mazelas da moderna consciência filosófica. Essa é, sobretudo, a tarefa da seção "Nós, os eruditos" (seção 6).

Nela Nietzsche aprofunda sua crítica da objetividade científica (aforismo 207) e reflete sobre o correto relacionamento entre erudição, especialização científica e reflexão filosófica, ressaltando a especificidade e superioridade da tarefa filosófica, posto estar reservada ao filósofo a questão do sentido e do valor (205, 206).

É também nessa seção, num aforismo dedicado à necessidade, para os espíritos livres, de superar tanto o dogmatismo quanto o ceticismo (208), que Nietzsche esboça sua idéia de *grande política*.

> O tempo para a pequena política passou; já o próximo século traz consigo a luta pelo domínio da terra — a *coerção* à grande política.

Como se pode facilmente compreender, esse combate pelo domínio da terra transcorrerá, de acordo com Nietzsche, a partir de grandes acontecimentos — e os maiores são os grandes pensamentos. Por essa razão, os combatentes autênticos serão os novos filósofos, os espíritos livres, muito livres.

Em associação com isso, Nietzsche apresenta sua idéia do filósofo como sendo, necessariamente, a má consciência do próprio tempo (212), e fixa como modelo dos filósofos do futuro os novos legisladores (210, 212, 213), os destinatários da tarefa da grande política. Eles serão, na modernidade, os únicos possíveis depositários daquela grandeza que é condição de todo comando e legislação: o domínio de si.

Para Nietzsche, a febril agitação e o palavrório que dão o tom à discussão sobre as instituições políticas da Alemanha de seu tempo — como o asseguramento do *Reich*, as políticas nacionalistas, a infindável disputa entre representação dinástica ou democrática, a introdução do parlamentarismo — dizem respeito a formas grosseiras de regime e governo, necessariamente vinculadas à "sujeira de fazer pequena política".

Colocando-se do ponto de vista dos "bons europeus", Nietzsche concebe a idéia de uma Europa instituída como unidade cultural, não limitada pela estreiteza dos nacionalismos.

Em "Nossas virtudes" (seção 7) Nietzsche retomará sua errância extemporânea pela modernidade política, perambulando pelas mais diversas esferas da cultura, como por exemplo o Estado, a questão da mulher e do feminismo, a economia, a educação, a estética, a música, a literatura.

Tratará do sentido histórico como virtude da moderna consciência científica (291, 223, 224), indicará múltiplos significados da compaixão (225), revelará como, do ponto de vista genealógico, todas as formas da cultura superior se revelam como originadas do processo de aprofundamento e espiritualização da crueldade (239); mostrará a mútua pertença entre profundidade e superfície, aparência e seriedade, conhecimento e ignorância (230).

Fazem parte dessa seção os mais cínicos, provocativos e ácidos aforismos de Nietzsche contra o feminismo (231, 232). O filósofo diagnostica, na exigência feminista de igualdade de direitos entre os gêneros, um aprofundamento e uma extensão da vontade de nivelamento que caracteriza a moderna "moral de rebanho". É certo que Nietzsche tem uma visão da mulher e do feminino cujo ideal é ainda marcado pelas grandes figuras femininas da Antigüidade. E muitas de suas provocações têm uma ressonância acentuadamente machista e retrógrada.

A luta feminista pela emancipação da mulher, de acordo com o juízo de Nietzsche, se faz a partir da crença esclarecida na *mulher em si*, das tentativas científicas de fixar objetivamente o que seria a natureza ou essência do feminino e de sua verdadeira e justa posição em face do masculino.

Essa crença contém, entretanto, um pressuposto idealista, a saber, a convicção de que existe um *em si* da mulher, uma idéia do feminino. Essa abstração, que subtrai do feminino o seu elemento vital, insondável, não fixável — é isso o que Nietzsche critica como grosseira ignorância de um necessário antagonismo, de uma eterna tensão entre os sexos — tensão de que não está ausente uma certa ponta de hostilidade, um típico sinal dos tempos de uniformização e rebaixamento do "tipo homem".

O que Nietzsche não pode perdoar no feminismo de seu tempo é o irrefreável desejo de ser como o outro, de renunciar à própria especificidade. Para ele, atributos como o disfarce, a simulação, a astúcia, a sedução, o velamento, o jogo sutil entre profundidade e máscara são as características mais fascinantes do feminino — justamente aquilo que se perde com a masculinização da mulher *em si*.

Em "Povos e pátrias" (seção 8), Nietzsche amplia o foco de sua crítica da modernidade cultural. Aí ele examina em profundidade o processo de igualação dos europeus (242); mostra a importância da linguagem na formação de uma cultura e de uma mentalidade coletivas (246, 247); considera detidamente, sob múltiplas facetas, a realidade cultural da Europa de seu tempo, dedicando extensos aforismos aos alemães (240, 244, 245, 246, 247), aos bons europeus, em cujo futuro coloca suas esperanças (241, 254, 255, 256); trata da delicada questão dos judeus na Europa (250, 251); critica a superficialidade dos ingleses (252, 253); pondera as virtualidades culturais dos franceses (253, 254).

A nova aristocracia do espírito

Intitulada "O que é aristocrático?", a seção 9 se encarregará de *problematizar* a confiança na moderna sociedade civil burguesa como modelo e realização legítima do ideal de justiça. Como se unicamente na igualdade formal burguesa pudéssemos encontrar o fundamento ético, jurídico e político para uma organização da sociedade fundada no respeito à dignidade e à natureza moral do gênero humano.

Em contraposição ao espírito do tempo, Nietzsche se perguntará pelo sentido histórico de aristocracia, mostrando como o mesmo pode ser abordado do ponto de vista de sociedades, povos, grupos, culturas, mas também do ponto de vista de indivíduos. O essencial da argumentação aí desenvolvida consistirá na resposta à questão: *O que a aristocracia ainda pode significar para nós, homens modernos?*

Problematizando a evidência da moderna unanimidade acerca da idéia de justiça como igualdade, Nietzsche argumenta, por um lado, que justamente a aristocracia foi, na história remota, condição de grandeza e excelência, indispensáveis para uma elevação do homem, para sua transcendência sobre sua animalidade natural.

Por outro lado, ao se perguntar pelo sentido de aristocracia no mundo moderno, Nietzsche indica que a resposta à questão não pode consistir numa reacionária nostalgia das aristocracias do passado. Na era da revolução industrial, que determina a conformação do tipo de sociedade civil dela emergente, desapareceram as formas historicamente ultrapassadas de aristocracia. Sumiu do horizonte de possibilidades da moderna Europa o originário sentido social de *aristos*.

Porém Nietzsche pretende ainda vislumbrar uma possível significação para uma vida aristocrática — que se destaca pela excelência, que é reconhecida como liderança legítima e, como tal, se põe à frente e se imortaliza por suas *virtudes*. Para ele, essa possibilidade será dada na pessoa do filósofo, da *grande*, excepcional individualidade.

A seção 9 se inicia com o tão famoso aforismo 257, por tantos comentadores interpretado como característico do reacionarismo nostálgico de Nietzsche:

> Toda elevação do tipo "homem" foi até hoje obra de uma sociedade aristocrática — e assim será sempre: de uma sociedade que acredita em uma longa escala de hierarquia e de diferença de valor entre um homem e outro homem e que, em certo sentido, necessita da escravidão.

Deve-se atentar aqui para o fato de que esta é a seção *final* do livro, portanto o ponto máximo de radicalização e aguçamento da polêmica. Aqui serão alvejados os mais bem-guardados artigos de fé da modernidade, o que se faz levando a provocação ao seu máximo de intensidade: aos ouvidos modernos, para os quais a igualdade democrática é valor em si, qualquer outra forma de valoração só se faz audível pela estridência.

Portanto, *contra* a unanimidade na igualdade, Nietzsche lança seu *pathos da distância*. A crença na hierarquia e na diferença de valor constitui pressuposto para a elevação; a ausência dela favorece a tendência para o nivelamento.

Tentando tornar patente o intuito provocativo, iniciemos por esclarecer a referência à escravidão. Ela evoca as proposições de Nietzsche sobre a civilização enquanto processo de adestramento e amansamento do "animal homem".

Em *BM*, essas proposições são tematizadas em várias passagens, especialmente no aforismo 242. Escravidão tem, no contexto que examinamos, pelo menos dois sentidos: aquele ligado ao fenômeno histórico e social — como condição de possibilidade por exemplo, na Antigüidade, do florescimento de uma cultura superior —, e um sentido metafórico, ou espiritual: escravidão como distância entre as instâncias psíquicas, como diferenciação no interior do próprio indivíduo.

Em geral, enfatiza-se o primeiro sentido e se apresenta Nietzsche como um pensador que *legitima* a escravidão. Em realidade, a provocação constante do aforismo 257 retoma motivos antigos, já presentes em *O nascimento da tragédia*: a moral cristã, laicizada em democracia e socialismo, concebe o trabalho, o rendimento e a produção, assim como a igualdade burguesa de direitos, como *a* modalidade de instituição de uma sociedade verdadeiramente humana, o que implica, ao menos no plano ideológico, uma condenação moral absoluta da escravidão e da diferença de valor entre os homens.

Entretanto, de acordo com a denúncia de Nietzsche, a modernidade política; ao privar o trabalhador do sentido de seu trabalho mecanizado; ao transformá-lo em peça na engrenagem da produção e do consumo, e em *espécimen* de uma coletividade que tem as características do rebanho uniforme; ao erigir a administração econômica global da terra, essa mesma modernidade *de facto* preserva uma modalidade de escravidão que ela mesma proscreve de direito, com a mais cândida boafé humanitária, inconsciente de sua hipocrisia.

A sociedade do trabalho e do rendimento maximizado, mesmo que herdeira da crença emancipatória e otimista no progresso das Luzes, continua cega e cruel, alienante e desumana. Ela pode abrigar, em sua inconsciência, uma escravidão, que denega, que pode levar a formas bárbaras de dominação. Nietzsche já fizera esse diagnóstico antes de Theodor Adorno, Max Horkheimer e a Escola de Frankfurt.

Entretanto, o segundo sentido — o metafórico — é o essencial:

> Sem o *pathos da distância* não poderia surgir tampouco, de modo algum, aquele outro *pathos* misterioso, aquela exigência de sempre novos alargamentos de distância no interior da própria alma, a configuração de estados sempre mais elevados, mais raros, mais remotos, mais largamente tensionados, mais abrangentes.

Nietzsche emprega, pois, a distância e a dominação social como metáfora; sua interiorização atua como meio para a aquisição de um tipo mais refinado de distanciamento e domínio: introjetada, ela torna possível a elevação e a hierarquia psíquica, ou espiritual. Aqui intervém, uma vez mais com estridência, a denúncia da edulcoração moralista da natureza e da história.

Essa denúncia da má fé idealista não tem o propósito de se apresentar como uma apologia da força bruta. Ao contrário, a intenção de Nietzsche é indicar as possibilidades infinitas de sublimação das energias humanas, principalmente das mais terríveis.

É preciso recordar a tese genealógica de acordo com a qual a história da cultura superior coincide com a história da interiorização e espiritualização da crueldade. Não se deve perder de vista que a orquídea é a flor do pântano. De acordo com isso, a saga humana na história conquistou, justamente pelo caminho doloroso da sublimação, suas configurações mais encantadoras e refinadas — assim em indivíduos como em povos.

Nietzsche não tem em vista a exploração, ou a dominação social, econômica e política de uma classe sobre outra, mas aqueles refinados estados anímicos de tensão máxima, aquele delicado domínio de *si mesmo* que, para ele, caracteriza uma forma sublime de aristocracia — a da excelência do espírito.

Por essa razão, o final do aforismo propõe que lancemos um olhar genealógico sobre o pressuposto daquele sentido primordial de elevação do "tipo homem": sobre a história de surgimento (*Entstehungsgeschichte*) de uma sociedade aristocrática. Examinada a partir do ponto de vista de seus primórdios, toda cultura superior não poderia se furtar à confissão de sua *pudenda origo* (origem vergonhosa). Ela não principia por um contrato, mas por um ato de rapinagem, não pelo consenso, mas pela força. Essa a dura constatação do aforismo 257:

> Homens com uma natureza ainda natural, bárbaros em todo terrível sentido da palavra, homens de rapina lançaram-se sobre raças mais débeis, mais civilizadas, mais pacíficas, talvez dedicadas ao comércio e ao pastoreio, ou sobre velhas culturas extenuadas, nas quais justamente a última força vital se extinguia em esplendorosos fogos de artifício de espírito e corrupção.

Muitos comentadores pretenderam discernir aqui o extrato essencial da cosmovisão de Nietzsche: sua ontologia da força e da fraqueza, do dominador e do dominado *por natureza*. Nesse contexto, o que está em jogo, porém, é uma noção de integridade como capacidade de acolher e afirmar, sem subtração moralista nem embelazamento romântico, também os vigorosos impulsos hostis, a face assustadora e destrutiva daquilo que denominamos os "maus instintos", como indispensáveis para a criação da beleza e da cultura.

Nesse processo, como em toda a história do espírito, nada é fato, dado, "natureza", tudo é vir-a-ser. Para compreendê-lo — do mesmo modo como para compreender o que é verdadeiramente decisivo na história natural da moral — faz-se necessário percebê-lo como uma espécie de tirania contra a "natureza".

O aforismo 257 de *BM* é um dos mais ilustrativos dessa transfiguração artística da violência e da barbárie primordiais. Ele propicia uma ocasião apropriada para lançar um olhar na oficina de trabalho e no estilo do escritor Nietzsche, para compreender melhor os caminhos e atalhos de seu pensamento experimental.

No manuscrito de impressão desse aforismo 257, Nietzsche riscou aquilo que seria o prosseguimento conclusivo do texto e, por essa razão, o encerramento original foi subtraído da versão publicada do mesmo. Esse adendo, que Nietzsche *não* publicou, foi recolhido pelos organizadores da edição histórico-crítica de suas obras e publicado no volume de comentários histórico-filológicos. Ele torna inequívoco que "as naturezas mais naturais", os homens de rapina e as raças mais fracas e exauridas não são determinações biológicas, ou raciais, nem que tais figuras indiquem uma ontologia natural da força.

A "humanização" de tais bárbaros é essencialmente um processo de enfraquecimento e abrandamento e se completa precisamente à custa daqueles impulsos aos quais eles deviam sua vitória e posse; e desse modo, enquanto se apropriam de virtudes "mais humanas", completa-se também gradualmente, do lado dos oprimidos e escravizados, um processo inverso. Na medida em que estes são mantidos como mais brandos, mais humanos e, por conseqüência, prosperam fisicamente de modo mais profuso, desenvolve-se neles *o bárbaro*, o homem fortalecido, o semi-animal com a avidez da selva, o bárbaro que um dia se sente suficientemente forte para se defender de seus humanizados, isto é, enlanguescidos senhores. O jogo começa de novo: estão dados novamente os inícios de uma cultura superior e aristocrática.

Ao invés de uma ontologia social ou natural da força, temos uma ficção heurística, que permite pensar — sem recurso a uma teleologia da história, ou a uma idealização da natureza — a pré-história da "alma"; ela nos permite especular a pré-história das primeiras auto-superações humanas.

Um périplo pelas formas mais refinadas e grosseiras de sentimentos e juízos de valor moral permite não apenas colher elementos para uma tipologia das morais existentes como também indicar virtudes que estiveram historicamente ligadas aos respectivos tipos de moral.

Assim, por exemplo, a virtude da distância, perseverança na individualidade, o egoísmo superior, o orgulho, o isolamento e a disciplina para a dureza, a veneração por si; elas se contrapõem, nas morais aristocráticas, à valorização do nivelamento, do abrandamento de ânimo, da igualdade com todos, do altruísmo, do desprezo por si e à busca alienante do próximo, da compaixão, tal como aparecem nas modalidades diversas de moral do rebanho.

Todo esse conjunto de elementos deve ser agrupado sob a perspectiva de uma história natural da moral, como o recolhimento de material para fundamentar a conclusão de que a unanimidade européia a respeito da moral platônico-cristã enquanto a "verdadeira moral" é devida apenas à falta de sentido histórico e penetração psicológica.

Em verdade, o resultado a que Nietzsche pretende nos conduzir poderia se resumir na descoberta de que não existe "a" moral, existem morais. A diferentes configurações de "natureza humana" correspondem diferentes tipos de moral — do mesmo modo como, complementarmente, tipos diversos de moral modelam figuras diversas de "natureza" humana, em correspondência com o caráter proteiforme da vontade de poder.

Porém isso não responde à pergunta decisiva formulada na seção 9: *O que é aristocrático? O que significa para nós, ainda hoje, a palavra "aristocrático"?* Ela começa a ser respondida no aforismo 287.

> No que se denuncia, em que se reconhece o homem aristocrático, sob esse céu pesado e encoberto do domínio da plebe, que ora se inicia e que torna tudo opaco e plúmbeo? Uma determinada certeza básica que uma alma aristocrática tem a respeito de si mesma, algo que não pode procurar, nem encontrar, nem, por acaso, perder. *A alma aristocrática tem reverência* (Ehrfurcht) *por si mesma*.

Porém a condição desse respeito por si mesmo é, naturalmente, que exista um *si mesmo*, aquela singularidade da pessoa, que não sucumbiu à tirania anônima do modo *comum* de sentir e pensar, que resiste à alienação, a deixar-se levar, nos termos do aforismo 284:

> Permanecer senhor de nossas quatro virtudes, da coragem, do discernimento, da simpatia, da solidão. Pois a solidão é uma virtude, como uma sublime inclinação e ímpeto de asseio, que adivinha que no contato entre os homens — "em sociedade" — as coisas têm que ocorrer de maneira inevitavelmente suja. Toda comunidade — de alguma maneira, em algum lugar, alguma vez — torna "comum".

Nas condições do mundo moderno, essa tênue possibilidade é vislumbrada apenas na filosofia, não em artistas e cientistas que anseiam por aristocracia, mas não podem senão *representá-la*, já que lhes falta a inteireza da vontade para instituir um sentido e um valor à arte e à ciência. Nessa recôndita possibilidade de autêntica grandeza habita uma vontade *própria*, que se proíbe deixar-se arrastar pela vulgaridade. Ela é própria do filósofo — e não dos respeitáveis trabalhadores profissionais da filosofia, como Kant, Hegel, Descartes. Condenado a encarnar a má consciência de seu tempo, o filósofo está irremediavelmente destinado à solidão.

Justamente esse destino solitário é abraçado por ele como preciosa virtude, pois é a condição que o preserva para um si mesmo e, com isso, o libera para suas grandes tarefas. Assim o afirma o aforismo 285:

> Os maiores acontecimentos e pensamentos — e os maiores pensamentos são os maiores acontecimentos — são os mais tardiamente compreendidos: as gerações que deles são contemporâneas não têm *vivência* de tais acontecimentos — vivem à margem deles.

Conclusão

Como má consciência de seu tempo, Nietzsche denunciará na apressada operosidade que comanda todas as atividades do homem moderno o mesmo desejo de *fuga de si mesmo*, a mesma impotência para a solidão, para conceder-se o tempo de gestação dos grandes acontecimentos do pensamento. A especialização erudita em ciência, filosofia e arte conduz à superficialização do espírito, ao entorpecimento do impulso crítico, emancipatório e criador.

A dinâmica desenfreada que arrasta todos os setores da vida moderna para os circuitos administrados da produção em massa conduzem, por um lado, a uma escravidão generalizada, ao consumo massivo, pressuposto moderno do bem-estar, da segurança e da "felicidade"; por outro, à mecanização, à reificação do trabalhador. Por toda parte, sintomas do mesmo fenômeno: o rebaixamento do homem à condição de peça de engrenagem e estoque padronizado de indivíduos dóceis, nivelados e iguais. Por toda parte, pequena política, só pequenos acontecimentos.

Se os maiores acontecimentos são os maiores pensamentos, então eles estão reservados às grandes singularidades. Cabe ao filósofo a tentativa de oferecer uma resposta para essa questão justamente porque só ele é ainda capaz daquela fé que redime — daquela certeza fundamental que a alma aristocrática sente a respeito de seu *direito* aos maiores experimentos com o pensamento.

Esse *cuidado de si*, que é o caminho para o auto-respeito, é o avesso do autocentramento egoísta, na medida em que pressupõe a consciência da pesada responsabilidade em todas as questões concernentes ao destino e ao futuro do homem.

A diluição da personalidade no anonimato das massas é, antes, o disfarce ideológico com que se autojustificam as formas mais aberrantes do egoísmo moderno, individual ou coletivo. A partir da verdadeira grandeza e singularidade, conquistada pela auto-superação e exigida pela *vida filosófica*, será o filósofo o representante do aristocrático, num mundo em que a vida humana se banaliza e degrada.

Esses paladinos da solidão partilhada estão condenados a inventar os seus companheiros, as figuras da esperança que vislumbram no horizonte do futuro: os espíritos muito livres. Para preparar-lhes a chegada e habitação, eles têm que se libertar das últimas amarras que ainda os ligavam aos antigos ideais e valores, para evitar que sejam confundidos com guardiões da verdade e espantalhos moralistas.

O filósofo, no sentido em que Nietzsche o compreende, além da reverência, se distingue por sua probidade intelectual. Honestidade, coragem, sinceridade, asseio em coisas do espírito, são, para Nietzsche, as virtudes cardinais.

Por essa razão, é necessário que essa retidão se exerça também em relação aos seus próprios pensamentos e acontecimentos. Como ensina o aforismo 289, quem passou pela prova de levar às últimas conseqüências uma interpretação do mundo como vontade de poder está suficientemente temperado para o perspectivismo daí decorrente; para ele, não pode haver mais "convicções autênticas e definitivas":

> O eremita não acredita jamais que um filósofo — supondo que um filósofo tenha começado sempre por ser um eremita — tenha expressado em livros suas opiniões autênticas e derradeiras: não se escrevem livros justamente para ocultar o que escondemos dentro de nós? Mais ainda, porá em dúvida que um filósofo *possa* em absoluto ter opiniões "derradeiras e autênticas". Toda filosofia *esconde* também uma filosofia; toda opinião é também um esconderijo; toda palavra, também uma máscara.

A esse supremo refinamento de auto-ironia conduzem o dever de honestidade intelectual e a força de auto-reflexão: "Nós *imoralistas*", afirma o aforismo 226, estamos "atrelados a uma rigorosa rede e camisa de deveres, e não *podemos* sair dela —, justamente nisso nós somos 'homens do dever', nós também!"

Todavia, esse refinado processo de auto-reflexão e autocrítica não se apazígua num ponto terminal; justamente porque está em jogo a secreta dureza do destino filosófico, impõe-se naturalmente a pergunta: se existe algo de necessariamente *suspeito*, um grão de desconfiança, em toda filosofia — como em toda fachada e pele que ocultam, ao mostrar —, então não seria também a virtude da honestidade intelectual uma máscara do filósofo moderno? Justamente esta é a prova pela qual tem que passar essa virtude, como atesta o aforismo 227.

A probidade da moderna consciência científica *tem que* se reconhecer, ela também, como superfície, a honestidade moral da consciência científica converter-se em seu contrário, ao *auto-suprimir-se.*

> Nossa honestidade — nós, espíritos livres, cuidemos para que ela não se torne nossa vaidade, nosso adereço e traje de gala, nosso limite, nossa estupidez! Toda virtude tende para a estupidez, toda estupidez, para a virtude.

Da mesma maneira como temos que evitar, pela autocrítica, que nos fossilizemos em opiniões definitivas, assim também somos forçados, pelo dever de auto-reflexão, a não permitir que nossa virtude se torne *algo mais* do que uma máscara. Em ambos os casos, é indispensável evitar a fossilização e a estupidez, conservar a mobilidade e a leveza do pensamento. É justamente por isso que, logo antes de concluir o capítulo "O que é aristocrático?", o aforismo 294 faz o elogio olímpico da gargalhada.

Ao concluí-lo, é então coerente que, no aforismo 296, Nietzsche interpele diretamente seus pensamentos. Estes, outrora multicores, jovens e maliciosos, cheios de espinhos e segredos, apresentam-se agora ao pensador como despojados de novidade, e como que tendendo perigosamente a converter-se em verdades.

Nos termos da mais radical impiedade para consigo mesmo, é o próprio diagnóstico de Nietzsche que atesta: a encenação do martírio do filósofo, seu sacrifício pela verdade, toda a sublime retórica das grandes palavras e ideais traz à luz o que nele há de ator e comediante.

Se podemos pressupor, com Nietzsche, que a tragédia é o verdadeiro início de toda filosofia, então, quando esta se fixa e cristaliza, temos cruamente diante dos olhos a parte de sátira e farsa que ainda restou, a demonstração permanente de que a autêntica e longa tragédia *findou-se.*

> Nós eternizamos aquilo que já não pode viver e voar muito tempo, unicamente as coisas cansadas, extenuadas!

A seção "Desde as elevadas montanhas", um poslúdio (*Nachgesang*) poético, encerra BM. Assim como intercalara um capítulo composto de sentenças e interlúdios entre as seções dedicadas à filosofia, à ciência e ao ser religioso, de um lado, e as seções dedicadas ao intrincado problema da moral, de outro, como um refrigério gratificante, também aqui Nietzsche sente necessidade de recorrer novamente ao consolo da graça e da leveza — após concluir sua errância experimental pela inóspita e perigosa região da moralidade.

Referências e fontes

• Todas as citações de *Para além de bem e mal* devem ser remetidas a Nietzsche, F. *Jenseits von Gut und Böse. Vorspiel einer Philosophie der Zukunft*. In *Sämtliche Werke. Kritische Studienausgabe* (KSA). Organizada por G. Colli e M. Montinari. Berlim, Nova York, Munique: Walter de Gruyter Verlag und Deutscher Taschenbuch Verlag, 1980, vol.5.

• As citações das páginas 14 e 15 foram extraídas do prefácio de *BM*, p.11-3. Quanto às demais citações dessa obra, julgadas indispensáveis, são sistematicamente precedidas da menção aos números dos aforismos de onde foram retiradas. (Tais números são invariáveis em todas as edições de obras de Nietzsche, de maneira que a referência à numeração dos aforismos torna absolutamente fácil e segura a localização das passagens citadas, tanto no original como nas diversas traduções existentes, dispensando a referência bibliográfica a números de páginas.) Todas as traduções são de minha autoria.

• A citação presente na página 20 foi extraída de "Fragmento póstumo de agosto-setembro de 1885", numerado como 40[23] em KSA, vol.11, p.639s. Esse fragmento é desmembrado nos aforismos 16 e 17 de *BM*.

• O fragmento transcrito na página 50, indispensável para a compreensão adequada do diagnóstico por Nietzsche da modernidade política, é extraído de "Fragmento póstumo do outono de 1885-outono de 1886", numerado como 2[13] em KSA, vol.12, p.71s.

• Ao diagnóstico da modernidade política e suas possibilidades de desdobramento, contido no aforismo 242 (p.36), seria oportuno acrescentar o final do fragmento póstumo citado acima: "Uma pergunta me retorna sempre, uma pergunta tentadora, ruim, talvez: façamo-la a quem tem direito a tais problemáticas questões, às almas fortes de hoje, que também melhor mantêm o domínio sobre si mesmas: não seria tempo, agora que o tipo 'animal de rebanho' mais se desenvolve na Europa, de se fazer uma tentativa, deliberada, artificial, consciente, de *criação* (*Züchtung*) do tipo oposto e de suas virtudes? E, para o próprio movimento democrático, não seria uma espécie de meta, redenção e justificação se surgisse alguém que dele *se servisse*, de modo que, finalmente, para sua nova e sublime configuração da escravidão — tal como se apresentará alguma vez o aperfeiçoamento da democracia européia — fosse encontrada aquela espécie superior de espíritos, senhorial e cesárica, pois também *carece* dessa nova escravidão? Para *suas* novas, remotas, perspectivas, até agora impossíveis? Para *suas* tarefas?"

• O fragmento transcrito na página 65 foi extraído de KSA. *Kommentarband*, vol.14, p.371.

Leituras recomendadas

BROBJER, Th. *Nietzsches Ethics of Character* (Uppsala, Uppsala UP, 1995). O livro contém um estudo profundo da crítica nietzschiana da moral, situando o pensamento de Nietzsche em relação aos sistemas éticos clássicos da tradição histórico-filosófica, além de abordar a ética nietzschiana do caráter em relação à transvaloração de todos valores.

DELEUZE, G. *Nietzsche et la philosophie* (Paris, PUF, 1973). Comentário clássico representativo do pensamento francês posterior às experiências de maio de 1968, inaugurando uma maneira característica de interpretação de Nietzsche que abre os horizontes do pós-moderno.

JANZ, C.P. *Friedrich Nietzsche. Biographie* (Munique, Deutscher Taschenbuch, 1981). Provavelmente o mais importante trabalho biográfico sobre Nietzsche.

KAUFMANN, W. *Nietzsche. Philosopher, Psychologist, Antichrist* (Princeton, Princeton UP, 1974). Pioneiro nas interpretações originais de Nietzsche no domínio cultural anglo-saxão, Kaufmann deu origem a um novo movimento em termos da interpretação da obra de Nietzsche, que enfatiza o aspecto psicológico e antimetafísico da obra desse pensador.

MÜLLER-LAUTER, W. *A doutrina da vontade de poder em Nietzsche* (trad. Oswaldo Giacoia Junior. São Paulo, Anna Blume, 1997). Esse trabalho se dedica a um estudo específico do conceito de vontade de poder, numa perspectiva que polemiza com a interpretação desse mesmo conceito por Heidegger. Contribuição marcante da interpretação alemã contemporânea.

SAFRANSKI, R. *Nietzsche. Biografia de uma tragédia* (São Paulo, Geração Editorial, 2001). Biografia que combina de modo interessante elementos da vida com a obra do filósofo.

SCHACHT, R. *Nietzsche, Genealogy, Morality. Essays on Nietzsche's* On the Genealogy of Morals (Berkeley/Los Angeles/Londres, University of California Press, 1994). Coletânea que reúne trabalhos importantes dos nomes mais expressivos da pesquisa internacional sobre a obra de Nietzsche, voltados para temas provenientes de *Para além de bem e mal* e *Para a genalogia da moral.*

VAN TONGEREN, P. *Die Moral von Nietzsches Moralkritik* (Bonn, Bouvier, 1989). Uma das mais importantes e minuciosas análises especificamente voltada a *Para além de bem e mal.*

Sobre o autor

Oswaldo Giacoia Junior nasceu em Ribeirão Claro, Paraná, em 1954. É bacharel em direito pela Universidade de São Paulo (USP) e em filosofia pela Pontifícia Universidade de São Paulo (PUC-SP), onde também defendeu sua dissertação de mestrado em filosofia, em 1983. Doutor em filosofia pela Universidade Livre de Berlim (1988), realizou dois estágios de pós-doutorado na Europa, em Berlim (1993-1994) e em Viena (1997-1998). Tornou-se professor livre-docente do Departamento de Filosofia da Universidade Estadual de Campinas (Unicamp) em 1999. É autor de *Os labirintos da alma. Nietzsche e a auto-supressão da moral* (Unicamp, 1997); *Nietzsche* (Publifolha, 2000) e *Nietzsche psicólogo* (Unisinos, 2001), além de vários ensaios e artigos especializados sobre a obra de Nietzsche.

Sobre o autor

Coleção **PASSO-A-PASSO**

Volumes recentes:

Ciências Sociais Passo-a-Passo

O negócio do social [40], Joana Angélica Barbosa Garcia

Origens da linguagem [41], Bruna Franchetto e Yonne Leite

Antropologia da criança [57], Clarice Cohn

Patrimônio histórico e cultural [66], Pedro Paulo Funari e Sandra de Cássia Araújo Pelegrini

Antropologia e imagem [68], Andréa Barbosa e Edgar T. da Cunha

Antropologia da política [79], Karina Kuschnir

Sociabilidade urbana [80], Heitor Frúgoli Jr.

Pesquisando em arquivos [82], Celso Castro

Cinema, televisão e história [86], Mônica Almeida Kornis

Filosofia Passo-a-Passo

Estética [63], Kathrin H. Rosenfield

Filosofia da natureza [67], Márcia Gonçalves

Hume [69], Leonardo S. Porto

Hannah Arendt [73], Adriano Correia

Schelling [74], Leonardo Alves Vieira

Niilismo [77], Rossano Pecoraro

Kierkegaard [78], Jorge Miranda de Almeida e Alvaro L.M. Valls

Filosofia da biologia [81], Karla Chediak

Ontologia [83], Susana de Castro

John Stuart Mill & a liberdade [84], Mauro Cardoso Simões

Filosofia da história [88], Rossano Pecoraro

Teoria do conhecimento [91], Alberto Oliva

Psicanálise Passo-a-Passo

Psicanálise com crianças [75], Teresinha Costa

Feminino/masculino [76], Maria Cristina Poli

Cinema, imagem e psicanálise [85], Tania Rivera

Trauma [87], Ana Maria Rudge

Édipo [89], Teresinha Costa

A psicose [90], Andréa M.C. Guerra

A angústia [92], Sonia Leite

Educação e psicanálise [93], Rinaldo Voltolini

Os outros em Lacan [94], Antonio Quinet

A paixão [95], Marcus André Vieira

Histeria: o caso Dora [96], Nadiá Paulo Ferreira e Marcus Alexandre Motta